우리는
    무한한 우주를 건너
서로를 만났고
                                    이 삶을
                                        함께하고 있어

일러두기

- 이 책에 나온 반려인의 사연은 개인상담과 펫로스 서클, 드라마치료 등 펫로스 프로그램을 마친 후, 녹음과 상담일지에 적어둔 내용을 저자가 가독성을 위해 재구성했습니다. 모든 내용은 미리 반려인의 동의를 구하고 진행했으며, 몇몇은 요청에 따라 가명을 썼습니다.
- 반려인들은 일반적으로 자신의 반려동물을 암컷, 수컷으로 칭하지 않고 여자아이, 남자아이 또는 아기, 아이 등 사람처럼 호칭하므로 여기서도 그대로 표현했습니다.

우리는
　　무한한 우주를 건너
　　서로를 만났고

　　　　　　　이 삶을
　　　　　　　　함께하고 있어

펫로스, 반려동물
애도의 기록

최하늘 지음

알레

프롤로그

이 책은 바로
당신의 이야기입니다

이 책은 상실과 슬픔, 그리고 사랑에 관한 이야기입니다. 심리치료 현장에서 만난 반려동물과 사별한 사람들의 이야기를 전하며, '펫로스 증후군(Pet loss Syndrome, 반려동물 상실 증후군)'을 안내하려 합니다. 만약 사랑하는 반려동물이 세상을 떠났다면, 반려동물의 죽음과 이별을 생각한다면, 혹은 반려동물의 죽음으로 슬퍼하는 사람을 돕고 싶다면 이 책은 당신의 이야기가 될 것입니다. 미처 이별을 생각하지 못하고 반려동물과 함께하고 있거나, 이별이 두려워 반려동물과의 동행을 망설이는 분들에게도 도움이 되었으면 합니다.

2015년 심리상담과 예술치료 하는 공간을 열고 언어상담 및 사이코드라마, 워크숍 방식을 병행하며 감정과 관계에 관한 작업을 주로 하던 중, 반려동물의 죽음 이후 망연자실한 사람들을 만나게 되었습니다. 이들에게 도움이 될 만한 것이 없을까 고민하며 '마음 터놓을 곳이라도 있으면 좋겠다'는 생각에 펫로스 치유 모임을 시작했습니다.

반려동물의 죽음을 슬퍼하는 수많은 이들이 상담실 문을 두드렸고 '펫로스'를 다루는 심리상담사가 있다는 것에 안도감과 반가움을 표했습니다. 하나하나의 사연에는 안타까움, 고통, 그리움이 가득했고, 그 간절한 목소리를 듣다 보면 저도 덩달아 눈물이 나왔습니다. 반려동물과 사별한 사람들의 사정은 저마다 달랐지만 모두에게 슬픔을 겪어내고 표출할 수 있는 곳이 되었습니다.

우리나라에서 반려동물이 가족의 일원이라는 인식이 자리를 잡아가며 반려동물 콘텐츠가 성행하고 있지만 '반려동물의 죽음'에 대해서만큼은 여전히 쉽고 편하게 이야기하기 어렵습니다. 따라서 반려동물의 사별은 알려진 바가 적고 그 슬픔이 간과되거나 축소되어 있습니다. 반려동물은 대부분 사람보다 수명이 현저히 짧아 반려인들은 반려동물의 사별을 필연적으로 겪게 됩니다. 자연의 모든 생명체가 그러하듯 기대수명만큼 삶을 살아보지 못한 채 사고나 질병으로 믿기지 않는 이별을 하기도 합니다.

사랑하는 반려동물의 죽음은 매일 함께하던 일상의 상실이며, 무조건적인 사랑의 상실입니다. 이에 따라오는 슬픔은 지극히 당연하고 자연스러운 현상입니다. 슬픔은 사랑의 연장선에 있습니다. 반려동물의 죽음과 그로 인한 슬픔은 대개 예상과 다른 모습으로 찾아옵니다. 반려동물이 삶에서 이렇게나 큰 자리를 차지할 수 있는지 놀라울 정도로 그 상실은 감당하기 힘든 고통이 됩니다. 가슴 통증, 호흡곤란 같은 신체 증상과 수면, 인지 기능 등 생리적 시스템에 변화가 생기고, 난데없이 불안감이나 우울감에 휩싸이며, 일 처리나 의사소통 및 인간관계에도 어려움이 따라옵니다. 함께하던 일상이 사라져 생활에 구멍이 생기듯 정상적인 일과를 할 수 없고 자신이 허물어지는 것처럼 느끼기도 합니다. 또 반려동물을 떠나보내면서도 붙잡아두는 모순을 경험하기도 합니다. 이 모든 것은 잘못된 것이 아니라 슬퍼하는 것입니다.

반면, 상실의 슬픔이 겉보기에 두드러지지 않을 수도 있습니다. 죽음에 대한 대응은 개인마다 다르기 때문입니다. 반려동물과 함께 했던 시간을 공유하며 하나의 정서적 체계를 갖는 가족 구성원들조차 이 대응은 일률적이지 않습니다. 비애에 젖어 있는 정도나 시기, 방식이 다르다 해서 사랑이 덜한 것은 아니며, 슬퍼하기에 올바르고 마땅한 모습이 따로 있는 것은 아닙니다. 소중한 이를 잃은 것은 누구에게나 쓰리고 슬픈 일이며 평생 궤적이 남습니다.

반려동물과의 사별은 사람과의 사별과 유사하면서도 뚜렷이 다른 점들이 있습니다. 첫째, 사람의 죽음에 비해 동물의 죽음을 슬퍼하는 일은 사회적으로 허용되지 않습니다. 이는 자연스러운 애도 반응의 지연을 불러오고 슬픔을 소화하는 것에 어려움을 겪게 됩니다.

둘째, 반려동물 사별의 슬픔에 결정적인 영향을 미치는 것은 '사람-반려동물 관계'의 특성에서 비롯됩니다. 사람에게 반려동물이란 가장 가까운 곁을 내어주는 대상입니다. 반려인이라면 반려동물과 신체 접촉을 통해 감정적 교감을 나누며 보낸 나날의 감각을 기억할 것입니다. 나를 바라보는 작은 눈망울, 무릎 위에 올라 있던 무게감, 쓰다듬을 때 보드랍게 느껴지던 털, 몸을 붙이고 잠들던 따스한 온기, 평화롭게 울리는 숨소리, 코를 파묻으면 맡아지는 고소한 내음……. 힘들고 외로울 때 반려동물에 기대어 위로를 얻던 일도 금방 떠올릴 수 있을 것입니다. 인간의 일생에서 영유아 시기를 제외하고는 그야말로 경험하기 어려울 긴밀한 사이입니다. 이러한 친밀감의 상실은 반려동물 사별을 말할 때 핵심적인 요소입니다.

셋째, 사람에게 반려동물이란 평생 돌보고 보호하는 대상입니다. 사람에게는 생의 어느 한 시기이지만 반려동물에게는 한평생인 시간입니다. 그리하여 반려인은 반려동물의 죽음에 대해 강한 책임감을 느낍니다. 사별한 반려인들을 만나며 알게 된 점 중 하나는 끈질긴 자책에 관한 것입니다. 반려인들은 자신을 용서하기를 가장 어려워했습니다. 상담에서 만난 이들은 모두 반려동물을 아꼈고, 그를 위해 노력하고 정성을 기울인 사람들이었습니다. 그러나 반려동물이 세상을 떠나면 기억을 곱씹고 자신이 한 일에 허점을 발견하거나 가보지 못한 다른 길을 찾아내 자책하기 일쑤였습니다. 사별한 반려인은 이와 같은 관계 특성, 그리고 자신과 반려동물의 역사에 따라 죽음을 이해하고 대응하게 됩니다.

 사별이란 보편적인 일이면서 지극히 개별적인 일이기에 두 가지 측면을 모두 고려해야 하고, 그에 따라 애도의 이해와 상담의 원리도 다르게 적용되어야 합니다. 이러한 반려동물 사별의 특성을 고려하여 펫로스 개인 애도상담과 더불어 '펫로스 서클(Pet loss Circle)'과 같은 다양한 프로그램을 만들었습니다. 애도상담은 일반적으로 상실에 따른 충격을 완화하거나, 죄책감 같은 특정 주제를 중점적으로 다루거나, 애도의 방향을 세웁니다. 개인의 양상과 시기에 따라 사이코드라마 같은 경험적 치료를 적용하기도 합니다. 상담 과정에서 상실감을 직접 마주해야 하니 힘들 때도 있지만 결과적으로 복잡한 감정과 혼란스러운 상황을 정리하는 시간이 됩니다.

 펫로스 서클이란 한마디로 말해 '상실의 공동체'라 할 수 있습니다. 큰 상실을 겪으면 세상이 그것을 아는 사람과 모르는 사람으로 나뉩니다. 그룹 방식을 택한 이유는 당사자 간 교류와 유대감의 힘이 강력하기 때문입니다. 사별집단은 상호 의존을 통해 안전한 유대 관계를 만들고 더 나아가 사회적 재통합과 재조정된 삶을 꾀하는 탁월한 방법입니다.

반려동물을 잃은 사람들의 슬픔은 서로 닮아 있습니다. 그들에겐 서로가 중요합니다. 자신과 같은 이가 있다는 것만으로도 힘이 되고 아픔 속에서 서로의 벗이 되어주며 그것만이 유일한 위로가 되기도 합니다. 그들은 반려동물 이야기를 마음껏 나누며, 절망에 빠져 있거나 실의에 차 헝클어진 모습 그대로 있어도 괜찮고, 같이 회복의 방향으로 나아가는 동지가 될 수도 있습니다. 그곳에서 제 역할은 안전함을 담보하고 때에 따라 적절하게 개입하여 사별 당사자들의 이야기가 잘 오갈 수 있도록 하는 것입니다.

하나의 '사회적 장'인 펫로스 서클에서 사람들은 때로는 눈물로, 때로는 웃음으로 서로의 옆에 있습니다. 고통을 겪는 사람들에게는 자신의 진실을 있는 그대로 펼칠 수 있는 곳이 필요합니다. 고통을 풀어놓고 숨 쉴 수 있게 하면 그 고통은 완화되고 부드러워집니다. 상실감을 이해하는 사람들 사이에 있을 때 편안하고 아픔은 조금 견딜 만한 것이 됩니다. 그곳은 '위안의 장'입니다. 사람들은 반려동물과 이어지는 유대를 공유하고 그 순간의 증인이 됩니다. 다방면으로 관계를 맺는 사람과 달리, 반려동물은 죽음을 슬퍼하고 기억하는 몫이 오로지 그의 반려인에게 있기에 유대와 공유는 더욱 값진 일입니다. 죽은 반려동물도 일원이 되어 함께 소중히 여겨지고 기억되고 축복받고 사랑받습니다. 반려인에게 여전히 '살아 있는' 반려동물이 그들과 같이 존재하는 것입니다. 얼마나 시간이 흘렀든지 간에 우리는 그것을 마치 바로 어제 일인 것처럼 느낍니다. 이 상실의 공동체 안에서는 고통도 사랑도 모두 환영받습니다.

우리는 슬픔에 관해 이야기해야 합니다. 사별 뒤엔 슬픔의 과정이 필요하고 충분히 슬퍼하지 않으면 슬픔을 끝낼 수 없습니다. 상실과 슬픔은 모든 사람에게 일어나지만 그 고통은 쉽게 이야기되지 않습니다. 우리는 고통을 '빨리' 그리고 '해결'해야 하는 것으로 인식해왔습니다. 그러나 고통을 잘 겪으려면 슬픔을 드러낼 통로를 찾아야 합니다. 표현은 치유의 첫걸음이 됩니다. 죽음이란 말하기에도 막막하거니와 사별을 겪은 사람이 앞에 있으면 어떻게 대해야 할지 몰라 허둥거리기 마련입니다. 이는 관심이 없어서라기보다 그 앞에서 느끼는 무력감과 두려움에서 비롯된 반응으로, 이를 직시하는 것은 불편한 일이고 지금껏 배워온 슬픔을 대하는 방법이 서툴기 때문입니다. 반려동물과 사별한 사람들과 그들의 조력자이고자 하는 이들에게 '슬픔을 숨기지 않을 수 있다면' 좋은 진전의 표시이고, 좋은 상실의 공동체라는 것을 전하고 싶습니다.

고난을 딛고 극복하거나 성장하는 식의 서사, 억지로 끼워 맞춘 해피엔딩은 비탄에 빠진 사람의 괴로움을 가중하고 조바심을 부채질합니다. 슬픔은 시간만 지난다고 해결되지 않고, 애도는 단번에 속성으로 달성되지 않으며, 기승전결을 갖춘 깔끔한 결말은 환상입니다. 슬픔이 언제까지나 똑같을 거라는 말이 아닙니다. 사별의 슬픔은 적절한 방식에 따라 애도 과정을 거쳐 천천히 나아질 수 있습니다. 이는 예전과 같은 삶으로 돌아가는 것이 아니라 달라진 세상과 함께 새롭게 삶의 영역을 확장하는 것을 뜻합니다. 여기에서 필요한 일은 슬픔을 견뎌내는 방법을 익히고 돌보는 것입니다. 애도상담은 그 과정을 도우며 함께합니다.

그 다양한 애도의 과정을 글로 옮겼습니다. 2018년 펫로스를 주제로 한 책을 내자는 출판사의 연락을 받았습니다. 펫로스 상담을 하며 반려동물 사별을 알릴 필요성을 절감하던 터에 반가운 제안이었습니다. 현실적 제약과 부족한 글솜씨에 대한 걱정을 뒤로 하고 편집자 님의 지원과 열의에 힘입어 책을 엮게 되었습니다. 결심하고 난 뒤로부터 글을 갈무리하기까지 5년의 시간이 흘렀습니다.

반려동물의 기록과 경험 공유에 가치를 두는 열 분의 이야기를 조심히 실었습니다. 모든 과정은 미리 동의를 구하고 진행했습니다. 덕분에 소중한 반려동물 이야기와 사별 뒤에 일어나는 세밀한 과정을 담을 수 있었습니다. 책에 담긴 이야기는 치유 현장에서 만난 애도의 여정입니다. 개인상담과 펫로스 서클, 드라마치료 등 펫로스 프로그램을 마친 후 녹음과 상담일지에 적어둔 내용을 정리했습니다.

각 장의 앞부분은 반려인 시점으로, 뒷부분은 그에 관한 상담자 서술로 이루어져 있습니다. 반려인 시점의 이야기는 저와 대화하고 작업해나간 내용을 재구성했습니다. 상담자의 서술은 중심이 되는 주제를 바탕으로 함께 해나갔던 과정과 시도를 설명하고 필요에 따라 적용한 상담 및 치료법을 더했습니다. 그리고 각 장을 시작하는 첫 페이지에 주요 주제 및 특성과 본문에서 다루게 될 내용을 키워드로 표시했습니다.

펫로스를 알기 쉽게 안내하되, 저의 연구와 현장 경험을 바탕으로 당사자 고유성을 최대한 살리며 상실을 겪고 슬픔을 살아내는 사람의 실질적인 모습을 전하고자 했습니다. 또 극적으로 극복하는 결론이 아닌 상실을 통과하는 과정의 진실을 담고자 했습니다. 다소 세세한 부분까지 담은 것은 그 때문입니다. 특정 심리이론에 대한 기술보다 사별 뒤 겪는 일과 회복을 더욱 생생히 느끼고 깊이 이해하는 것에 초점을 두었습니다. 독자분들은 자신에게 적용할 지점을 발견하고 새로운 방법을 모색할 수도 있을 것입니다.

책에 실린 열 명의 반려인은 저마다 다른 방법과 속도로 일상을 꾸리고 마음을 달래며 힘든 시절을 건너갑니다. 열 개의 이야기를 순서대로 읽어도 좋고, 각 이야기 첫 페이지의 관련 키워드에 따라 골라 읽어도 좋습니다. 슬픔 속에서 애도의 시간을 보내는 반려인들 이야기에서 사랑하는 반려동물이 세상을 떠나고 어떤 일이 벌어지는지, 고통을 어떻게 견디는지, 슬픔 안에서 무엇을 할 수 있는지, 어떠한 방향으로 나아가는지 찾아볼 수 있기를 바랍니다.

애도의 여정에 함께하기를 청합니다.

2024년 봄, 애틋한 마음을 담아
최하늘

차례

프롤로그 이 책은 바로 당신의 이야기입니다 4

기록 1 루리가 다 알려주고 갔다 18
　　　　애도와 회복의 여정
　　　상담일지 1 지속되는 반려동물과의 유대 42

기록 2 별아, 둘째도 사랑할 수 있을까? 52
　　　　무엇으로도 채울 수 없는 빈자리
　　　상담일지 2 새로운 반려동물을 가족으로 맞이하고 나서 71

기록 3 칸, 나의 고양이를 행복하게 82
　　　　아픈 반려동물과 마지막까지의 약속
　　　상담일지 3 삶의 동력인 반려동물, 그리고 시한부 선고 102

기록4 사랑, 내가 살아야 할 이유 110
나의 목숨을 구해준 진정한 형
상담일지 4 힘든 삶, 유일한 위로가 되는 반려동물 127

기록5 짱이야, 너로 인해 내 인생이 빛났다 136
자책과 후회 사이에서
상담일지 5 '짱이 마미'로 살아오다 153

기록6 이제 엄마도 준비가 됐나요? 166
아파하는 반려동물의 안락사를 선택할 때
상담일지 6 둘의 완전한 세상 185

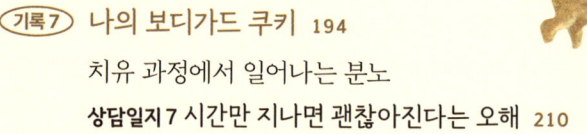

(기록7) **나의 보디가드 쿠키** 194

　　　치유 과정에서 일어나는 분노
　　　상담일지 7 시간만 지나면 괜찮아진다는 오해 210

(기록8) **무한한 신뢰와 사랑,**
　　　인생의 가르침을 준 나의 작은 새 220

　　　이별 예식과 유품
　　　상담일지 8 어깨 위에 앉은 자연의 선생님 239

(기록9) **기억난 이름** 250

　　　고통의 수용과 성장
　　　상담일지 9 당도한 슬픔 앞에서 268

기록 10 두 번째 타로 278
노년에 찾아온 재입양 고민
상담일지 10 사별의 고통을 돌보는 과정 295

에필로그 부디, 자신에게 애도와 치유의 기회를 주세요 302
부록 파비스 펫로스 유형 307

기록 1
루리가 다 알려주고 갔다
애도와 회복의 여정

이름: 루리(장모 닥스훈트, 암컷, 13살)
애칭: 쮸루, 두디

#타향살이 #은둔 생활 #우울증 #대인기피증
#암 #부부의 결속력 #기억력 감퇴 #반려동물과의 관계
#심리치료 #반려동물의 의미 #화해 #용서 #여유
#반려동물 상실 증후군의 진행 과정 #자기 수용

오동통한 앞발,

옹졸해 보이는 입술, 심술쟁이 볼따구.

몽실몽실 엉덩이, 너만의 침 냄새, 귀여운 콧수염.

너무나 그리운 내 강아지 루리야!

넌 언제나 내가 살아가는 이유란다.

우리 꼭 다시 만나자!

세상에 혼자라고 생각하며 살던 강진영 님에게 찾아온
강아지 루리. 일본에서의 은둔 생활을 마치고 한국으로
돌아왔지만 여전히 조국은 낯설었습니다. 힘이 되는
루리를 생각하며 열심히 살아가던 중 사랑하는 사람을
만났고 그렇게 자신만의 가족 공동체를 꾸렸습니다.
인생의 삼 분의 일을 함께했던 루리, 자신의 분신
같았던 아이가 떠나고 강진영 님은 매일을 눈물로
보내며 이전의 자신과 다르다는 걸 느꼈습니다.

루리와의 운명적인 첫 만남

처음 '루리'를 만난 순간이 아직도 생생하다. 엄마를 따라 일본으로 건너간 지 10년이 되던 즈음, 닥스훈트 붐이 일어났다. 나도 강아지를 키우고 싶은 마음에 펫숍에 가봤지만 18만 엔이라는 비싼 가격에 엄두도 내지 못하고 돌아섰었다.

그러던 어느 날, 엄마 집 현관문을 열자 긴 마루 끝에 새끼 강아지가 서 있었다. 뒤뚱뒤뚱, 마루 저 끝에서부터 나를 향해 걸어오는 모습에 좋아서 귀까지 새빨개지자, 식구들이 붉어진 내 얼굴을 놀렸다. 엄마 지인분의 닥스훈트가 집에서 낳은 다섯 형제 중 막내인데, 미운 오리 새끼처럼 제일 못 생겨서 아무도 데려가지 않았다고 했다. 그 덕에 엄마 젖을 가장 늦게 떼어서 엉덩이가 토실토실했다. 입고 있던 후드티 앞주머니에 새끼 강아지를 넣어 혼자 사는 집으로 데려왔다. 그때가 2005년 5월 25일이었다.

밤이 되고 개는 밖에서 키워야 한다는 어설픈 지식을 갖고 있었던 난 거실에 강아지를 혼자 두고 방문을 매몰차게 닫았다. 하지만 밤새 쉬지 않고 울어대는 통에 결국 거실로 나가 강아지를 들어 안았다. 엉덩이를 두들겨도 안긴 품이 좋다고 한순간에 울음을 그쳤다. 지금 생각해보면 그렇게까지 할 필요 없었는데……. 깜깜한 곳에서 엄마 개와 떨어져 혼자 있으려니 얼마나 겁이 났을까. 그렇게 일주일이 지나고 나서야 강아지를 방에 들여놓았다. 그날부터 우리의 동거가 시작되었다.

강아지의 이름은 '루리'. 어떻게 키워야 하는지도 모르고 나 편한 대로 관심만 던져줄 뿐이었다. 루리가 간식에 입맛이 들어 밥을 일주일씩 먹지 않아도 내버려두었다. 배변 교육도 제대로 하지 못했다. 오줌을 싸면 신문지를 말아 바닥을 두들기며 혼냈다. 그때부터였을까? 루리는 자꾸 내 눈치를 보며 소변을 참기 시작했다.

1년이 지나자 루리는 성견의 모습을 갖췄다. 장모 닥스훈트치고 머리가 작고 엉덩이가 컸다. 하루가 다르게 미모가 꽃 피어서 털이 반질반질하고 꼬리가 빗자루처럼 힘 있게 섰다.

당시 나는 일본 비자가 만료되어 집에 갇혀 있을 수밖에 없었는데, 두문불출하며 24시간 루리와만 있었다. 그게 아니면 택시를 타고 엄마 집에 가 밥만 먹고 곧바로 돌아와야 했다.

집에만 숨어 있다 보니 점점 소외감이 들었다. 루리 없이는 혼자서 아무것도 못 했다. 슈퍼를 갈 때도 가방에 루리를 넣어 데려갔다. 매일 혼자 술을 마시고 나를 비관하는 나날이었다. 그게 우울증이라는 걸 나중에서야 알았다. 은둔 생활이 3년간 이어졌다. 불법 체류자 단속이 점점 심해져 길에서도 잡아갔다. 잡히면 보통 구금을 당했다가 한 달 뒤 한국으로 추방된다고 했다.

'한 달 구금당하는 건 견딜 수 있어. 하지만 루리는? 내가 붙잡혀 가면 루리는 어떻게 살지? 그래, 한국으로 돌아가자!'

루리 때문에 한국행을 결심하게 되었다. 그렇게 13년 만에 한국으로 돌아왔다.

김포공항에 도착했는데 루리가 보이질 않았다. 공항 안에 지나가는 사람들을 붙들고 우리 강아지 좀 찾아달라고 애원했다. 눈물 콧물 흘리며 한참을 찾아다닌 후에 동물 검역소에서 루리가 나왔다. 나의 조국이지만 아무것도 몰랐다. 그리고 갈 곳도 없었다.

일심동체 세 가족

외할머니 댁에서 하룻밤 묵고, 분당에 있는 단기임대 오피스텔을 얻었다. 한국행을 결심했을 때 인터넷을 뒤져 찾은 곳이었다.

'어디서 살지? 아빠는 다른 식구랑 살고 계시니까……. 돌아갈 곳 없는 내가 터전을 닦는다면……. 루리를 루리답게 키울 수 있는 곳이면 좋겠다. 일본에서 살던 것처럼 한가하고 자연이 어우러진 곳. 분당이란 동네가 좋겠네.'

도착한 오피스텔 현관문을 잠그고 둘러보니 텔레비전과 침대만 덩그러니 놓인 여인숙 같은 방이 그제야 눈에 들어왔다. 혼자였더라면 살지 못했을 것이다. 하지만 내 옆에는 든든한 루리가 있었다.

이제 단속 없이 루리와 함께 산책을 나갈 수 있다!

은둔 생활을 끝내고 조국에 돌아왔는데도 사람들을 마주하기란 여전히 힘들었다. 눈도 마주치기 어렵고, 길도 물어보기 쉽지 않았다. 그런데 루리가 옆에 있으니 사람들이 먼저 말을 걸며 다가오기 시작했다.

"얘는 무슨 종이에요?"

"장모 닥스훈트요."

신기하게 루리에 대한 대답은 술술 나왔다. 그러면서 조금씩 대인 기피가 치유되었던 것 같다.

한국에 돌아오면 면세점에서 일하려고 했지만 루리를 혼자 두는 시간이 너무 긴 것 같아 치과에서 일하는 것으로 방향을 바꾸었다. 일본 환자들에게 통역을 해주는 코디네이터였다.

코디네이터로 일하면서 신이 나 재미나게 살았다. 연애도 하면서 지금의 남편을 만났다. 그는 나를 따라 천주교로 개종하고 세례도 받았다. 결혼 전부터 루리를 예뻐했고, 루리도 그를 싫어하지 않았다. 그렇게 우린 결혼했다.

신혼 초에는 싸움이 잦았다. 왠지 루리도 구박하는 것만 같았다. 싸운 후에는 루리를 데리고 집 앞에 나가 아파트 앞 정자에 앉아 맥주를 마시며 오만가지 후회를 하며 울었다. 루리는 내 옆에 앉아 가만히 나를 지켜봤다.

한두 해가 지나자 신랑은 루리에게 푹 빠져버렸다. 처음에는 강아지 털 날린다며 인상을 썼던 사람이 점점 진심으로 루리를 대하기 시작했고 없으면 못 사는 지경이 됐다. 신랑은 루리의 불룩한 가슴을 두드리며 '슈퍼맨'이라고 놀리며 장난을 쳤다. 루리도 '아빠'가 된 신랑을 아주 좋아했다. 귀를 접었다가 벌러덩 누웠다가 별짓을 다 하며 어딜 가든 쫓아다니고 따랐다.

우리 셋은 일심동체가 되어 신나게 여기저기 돌아다녔다. 루리는 드라이브를 좋아해 선글라스를 씌워주면 얌전히 차창 밖을 내다봤다.

부부 싸움 후 나는 안방에, 신랑은 거실에 말없이 있으면 루리는 양쪽을 왔다 갔다 하며 화해시키려 애썼다. 나에게 와서 한 번, 또 신랑에게 가서 한 번 짖었다. '엄마 아빠 왜 그래' 하는 표정으로. 루리의 마음을 눈치챘지만 모른 척 "루리 왜 그래?" 하고 일어섰다. 루리는 날 쳐다보며 신랑 쪽으로 갔다. 여기 앉아서 이야기하라는 듯이. 신랑이 슬쩍 말을 걸었다.

"애 좀 봐봐. 지금 나한테 와서 뭐라 그러는 줄 알아? 루리, 너 엄마가 시켰지?"

이 정도가 되면 웃음이 터져 나와 우리는 자연스레 화해했다.

루리는 길을 걷다 관심을 보이는 사람들에게 다가가 몸을 비비고 꼬리를 흔들었다.

'날 봐! 날 빨리 만져! 예쁘다고 해줘!'

두려움이 없는 개, 루리. 사람뿐 아니라 개, 날아다니는 비둘기, 동네 거북이, 누구 할 것 없이 모두에게 놀자고 했다. 세상 모든 이가 자신을 사랑할 거라 믿는 개.

먹을 것이라면 무엇이든 좋아해 약도 맛있게 먹었다. 몸무게가 많이 나가 항상 체중을 조절해야 했기에 원하는 만큼 음식을 양껏 줄 수 없었는데, 이 일은 나중에 가슴 깊이 사무치는 일이 되었다.

가도 돼. 엄마는 괜찮아

감기 한 번 안 걸렸던 루리가 혈뇨를 보았다. 방광염이었다. 오줌에 섞여 반짝이던 게 방광에 낀 돌멩이였다. 어릴 때, 오줌을 누면 혼낸 탓에 다시 교육해봐도 도통 소변을 쉬이 하지 않았다. 루리는 밖에 나가지 않으면 소변을 종일 참았고, 내가 잠들어야 몰래 누었다. 무식하게 그걸 여태 내버려두었다.

4시간마다 루리를 데리고 밖에 나가기 시작했다. 비가 오나 눈이 오나 매일 나갔다. 루리가 소변을 참지 않도록 외출해도 5시간이 넘기 전에 빨리 집으로 돌아갔다. 내 삶은 온통 루리의 시간을 중심으로 돌아갔다. 열 살이 된 루리는 여전히 활발했지만 입 주변 털이 하얗게 세기 시작했다.

'루리가 나이가 들어가는구나. 노견이 됐어……'

루리를 위해 6개월마다 건강검진을 받았다. 다달이 담낭 초음파를 보고 꼭 필요하지 않아도 비싼 검사까지 모두 받았다. 병원 상담실장이 추천하는 영양제도 다 먹이고, 한방병원에 다니며 침도 맞고 한약도 먹였다. 가계부에 적힌 동물병원비 지출이 매달 50만~80만 원씩 됐으나 루리를 늙지 않게 하고 싶었다. 건강하게 만들려고 온 힘을 쏟았다. 건강관리 하나만큼은 자신 있었다.

루리가 열세 살이 되자 비장암이 발견됐다. 즉시 수술을 받았다. 수술로 떼어낸 여덟 개의 덩어리는 악성 정도가 낮은 수치라고 했다. 수술 후 루리는 금방 밥도 잘 먹고 뛰어다녔다. 병원의 권고에 따라 2주마다 암 검사를 받았으나 재발될까 걱정스런 마음에 사료, 간식, 영양제 반년 치를 사 쟁여두었다. 엘리베이터를 탈 때도, 드라이브를 할 때도 루리를 놓칠세라 있는 힘껏 꼭 껴안았다.

　8월 초, 루리의 걸음이 느려졌다. 휘청휘청 균형을 잡지 못하고 간식도 도통 먹질 않았다.
　'날씨가 더운 탓인가?'
　기운 없이 고개를 숙이고 있는 루리를 유모차에 태우고 집을 나섰다. 몇 걸음 떼었을까. 유모차 아래로 물줄기가 흘러내렸다. 루리의 오줌이 흐르고 있었다. 그길로 데려간 병원에서 허리가 긴 닥스훈트종에게 잘 생기는 허리 디스크라는 진단을 받았다. 움직이면 안 좋으니 좁은 곳에 가둬두라고 했다.
　며칠이 지나자 루리는 사지를 뻗은 채 거의 움직이질 못했다. 다시 병원을 찾았다. 병원 원장이 루리의 몸에 여기저기 청진기를 대보더니 잇몸을 들어 살펴보았다. 루리의 잇몸이 새하얬다. 이상하다고 중환자실을 알아봐준다며 큰 병원에 데려가라 했다. 그 말을 듣고 황급히 퇴근한 남편과 함께 2차 병원으로 향했다. 병원으로 향하는 차 안에서 내내 루리를 껴안고 있었다.

"엄마가 금방 낫게 해줄게. 괜찮아질 거야. 조금만 참아."

루리는 멍하니 창밖을 내다봤다. 검사실로 루리가 들어가고 보호자인 내 이름을 부르기까지 몇 시간이 흘렀다. 의사는 암이 간으로 전이되어 짧게는 2주, 길어봐야 한 달밖에 살 수 없다고 말했다. 이게 다 무슨 소린가 싶었다.

"무슨 말씀이세요? 암 수술하고 2주마다 검사했어요. 전이된 곳 없다고 그랬다고요."

의사는 '전이가 되었다고, 그렇게밖에 말할 수 없다'고 했다.

말도 안 돼. 며칠 전까지도 멀쩡하던 애가 2주밖에 못 산다니? 정신이 아득했다. 루리는 입원실 안에서 하이파이브 장난을 하며 집에 데려가라고 울었다. 수액을 맞으니 기운을 차린 모양이었다.

"여기 하루만 있어. 엄마가 내일 다시 올게." 말하고 돌아서는 가슴이 저릿했다.

'2주라도 맛있는 걸 먹여서 살려야겠어. 살찐다고 항상 잘 못 먹였잖아.'

기대는 하룻밤 만에 산산이 부서졌다. 이른 아침, 루리의 복통이 극심해졌다는 전화를 받고 병원으로 달려갔다. 루리가 아프다고 소리를 지르고 있었다. 2주는커녕 당장이라도 떠날 것 같았다. 병원에서는 루리가 말기 암 환자의 고통을 겪고 있다고 안락사를 권유했다. 말이 안 나왔다. 한밤중이 되도록 루리 곁을 지켰다. 신랑은 말없이 주변만 서성거렸다. 한여름인데도 추웠다. 정신이 하나도 없었다. 한참 울다 말했다.

"루리야, 너무 힘들지? 가도 돼. 엄마는 괜찮아. 먼저 가서 엄마 기다리고 있어."

차마 볼 수가 없었다. 루리의 입에서 피가 흘러나왔다. 가슴에 받아 안자마자 루리는 세상을 떠났다.

내일이면 또다시 하루가 시작되고

루리가 하루 만에 갔다.

며칠 후 믿고 맡겼던 동물병원을 찾아갔다.

"우리 애가 어째서 이렇게 갑자기 죽은 건지 이해되질 않아요. 다른 병원에서는 암전이 때문이라는데 왜 원장님은 전이가 없다고 하셨나요?"

돌아온 대답은 암전이가 아니며 혈전이 생겨서 그로 인해 혈관이 막혀 죽었다는 것이었다. 그 말을 어떻게 믿을 수 있을까. 결국 원장이 키우는 강아지들 이름을 한 마리씩 대며 그 아이들이어도 그렇게 하셨겠느냐고 쏟아붓고 병원을 나왔다.

조금 더 신경 써줬다면! 어차피 살 수 없었다 해도 죽음이 임박

한 걸 알았더라면 마음의 준비는 할 수 있었을 텐데. 대체 왜 암 수술을 그 병원에서 했을까? 한국에 돌아와 식구처럼 의지했던 곳이었다. 하루에도 몇 번이고 들락날락하며 아이스크림을 사다 드리곤 했다. 루리를 어릴 때부터 봐왔으니까, 중성화 수술도 유선종양 수술도 해줬으니까, 하며 루리를 살려줄 거라는 믿음이 있었다. 어리석게도…….

아침에 눈 뜨면 루리를 품에 안고 싶고, 배변하러 나가던 오후 2시가 되면 안고 싶고, 6시가 되면 안고 싶고……. 4시간마다 정신이 나갈 것 같았다. 루리의 배변 시간이 다가오면 가슴이 콩닥콩닥 뛰고 불안했다. 나도 모르게 밖으로 나가려고 했다. 루리가 더 이상 옆에 있지 않다는 사실에 몸서리쳤다.

8킬로그램의 무거운 몸으로 내게 기대 있던 촉감과 무게감이 떠올랐다. 루리와 있을 때는 항상 바빴다. 결혼 후에는 루리를 더 이상 혼자 남겨두고 싶지 않아서 일을 그만두었다. 내 일상은 산책하고, 밥해 먹이고, 씻기고, 미용해주고, 강아지 친구들을 만나게 해주는 것이 전부였다. 루리가 떠나니 할 일이 아무것도 없었다. 하나도 남아 있지 않았다. 자다가도 벌떡벌떡 일어났다. 살기 싫고 죽을 것 같았다.

보다못한 남편이 펫로스 상담을 예약해주었다. 상담실에 처음 찾아갔을 때, 거의 혼수상태에 가까웠다. 두서없이 무작정 이야기를 털어놓았다.

수원으로 이사도 갔다. 10년 동안 루리와 살았던 분당에는 너무나도 추억이 많았다. 이사 온 집은 새 아파트에 한적했다.

'루리만 있었다면 완벽할 텐데.'

루리의 자리를 만들어주려고 사진을 인화하고 액자도 고르러 다녔다. 이렇게도 했다가 저렇게도 바꿔봤다가 하다 보니 집 안 곳곳에 루리 사진이 가득했다. 무거운 애를 들고 다녔던 나에게 남은 건 관절염뿐이었다. 온몸이 쑤시고 팔이 제대로 올라가지 않았다. 일주일 내내 하는 일은 허리디스크와 어깨 관절 치료, 정신과 약 처방 받기, 집 정리였다. 펫로스 서클에도 가봤다. 그곳에 간 이유는 친한 사람들조차 내 말을 이해하지 못해서였다.

"정말 죽을 것 같아. 심장이 터질 것 같고 숨이 턱턱 막혀."

사람들은 이런 말을 했다.

"네가 예민해서 그래."

"자식 앞세운 부모도 있어."

이야기를 더 이상 이어 나가고 싶지 않았다. 내가 과장하는 건가 싶기도 했다. 그런데 펫로스 서클에서 만난 사람들 모두 나처럼 몸이 아프거나 숨쉬기 힘들다고 했다. 이건 나만의 문제가 아니었다. 루리가 가고 루리 옷이나 사진을 똑바로 보질 못했다. 일부러 부딪쳐

보기로 했다. 보고 만지고 냄새를 맡고 대성통곡을 했다. 며칠을 실신할 만큼 반복하니 익숙해져서 웃으며 보고 만질 수 있게 되었다.

"아우, 내 새끼 진짜 예쁘게 생겼네."

집에 있는 성모마리아 상 옆에 루리의 유골함을 두었다. 뚜껑을 열어 루리가 먹던 개껌을 두기도 하고 물도 한 잔씩 떠주었다. 나아진 건지, 슬픔에 굳은살이 박여 익숙해진 건지 모르겠다. 펫로스 서클에도 루리의 사진과 옷, 털, 뽑았던 송곳니, 그리고 보석으로 만든 유골을 가져갔다. 루리가 여전히 살아 있는 것 같았다.

모임에서는 서로의 아이들을 기억해주었다. 내일이 되면 또다시 하루가 시작되고, 아이 없는 아침이 찾아올 것이다. 나와 같은 사람들이 있다는 것만이 위로가 됐다.

연결되는 가족

엄마가 두 달 동안 함께 지내다가 다시 일본으로 돌아가셨다. 겉으로는 멀쩡한 척했지만 아이가 진짜 없다는 현실이 다가오면서 미칠 것 같았다. 밤에는 잠들지 못하고 계속 울었다. 한번 울기 시작하면 그칠 줄 몰랐다. 내가 어디에 갔는지, 뭘 했는지 기억나지 않았다. 엘리베이터를 타고 몇 층을 눌러야 할지 잊어버렸고, 칫솔에는 무좀약을 발랐다. 동사무소에 방문해 전입신고했던 것조차 가물가물했다.

신랑이 나를 데리러 왔던 것만 얼핏 기억났다. 이런 내가 낯설고 자괴감이 들었다. 원래 기억력이 굉장히 좋은 편이었는데, 정신이 이상해진 걸까. 다이어리 앱을 하루에도 수십 번씩 확인했다.

펫로스 상담을 받으러 가면서도 오늘이 상담일이 맞는지 자꾸 확인했다. 매사에 조심스러워졌다.

'내가 이상하다는 거 들키지 않아야지.'

아무도 만나지 않았지만 일주일에 한 번은 아빠를 따라다녔다. 여든이 다 되신 아빠는 나를 데리고 다니며 밥과 옷을 사주셨다. 하루는 같이 커피를 마시다가 넌지시 말씀을 건네셨다.

"진영아, 네 인생의 삼 분의 일을 루리와 같이 살았는데 슬퍼하지 않는 것도 정상이 아니야. 많이 슬퍼해. 네 마음이 오죽하겠냐."

그런 아빠가 속상해하실까 봐 절대 앞에서는 울지 않았다.

반면, 신랑 앞에서는 수시로 울었다. 신랑은 울지 말란 소리를 하지 않았다. 밥 먹다가 울면 "또야?" 하고 가만히 그저 울게 내버려두었다. 그러면서도 "루리 마지막 순간은 말하지 마. 그걸 생각하면 살고 싶지 않아"라고 했다. 남편도 루리가 떠나고 한참을 맨정신에는 잠도 못 자고 매일 밤 술을 마셨다. 동물병원에 가 멱살잡이라도 하고 싶다며 울었다.

신랑과 나는 루리를 중심으로 결속력을 지니고 있었다. **루리는 우리 아이였고, 우리 집에서 제일 중요했다.** 지금 그전처럼 같이 있진 않지만 우리는 여전히 루리의 가족이었다.

신랑은 루리 사진을 보면 입맞춤하고 지나갔고, 우리는 루리가 예전에 했던 행동을 이야기하면서 자주 웃었다.

어느 날 신랑이 갑자기 루리가 있는 것처럼 "쮸~루~쮸~루~" 하고 루리 애칭을 부르며 돌아다니는 걸 보고 웃음이 터져 나왔다.

루리가 간 후 우리에게는 시간이 많아졌다. 저녁 외식을 하며 술을 마셨고, 영화를 보고, 주말에는 쇼핑몰에 가고, 드라이브와 온천을 즐겼다.

신랑은 성당 모임에도 나가보자고 했다. 지금까지 미사만 드렸으니 더 적극적으로 참여하고 봉사도 해보자는 거였다. 운동도 같이 시작하자고 했다. 날이 따뜻해지면 자전거를 타고 집 앞 호수공원을 돌아보기로 했다. 신혼여행도 루리와 함께 반려견 동반 펜션으로만 갔었기에 자유로운 여행 계획도 짜보았다. ……. 앞으로 둘이서 할 일들이 많았다.

나아지겠지, 나아지겠지

모든 게 단숨에 좋아지진 않았다. 나아진 줄 알았는데 다시 곤두박질쳤다. 거기서부터가 진짜 시작이었다. 상담에서 들었던 그대로였다. 내 몸 일부가 떨어져 나가고 땅으로 꺼지는 것 같았다. 루리가 사라지면서 나도 같이 사라졌다.

'무너져 내린다는 말이 이런 거구나.'

난 파편이 되고 재가 되었다. 내 인생 재미난 것들은 모두 끝난 것 같았다. 뭘 해도 아무런 의미가 없었다. 자주 실수하고 정신을 놓았다. 엘리베이터 버튼을 누르지 않고 멍하니 서 있었고, 내려야 할 지하철역을 그냥 지나쳤다.

한번 울면 두세 시간을 내리 울었다. 드라마를 보다가도 갑자기 눈물이 흘렀다. 사람이 그렇게 계속 눈물이 날 수가 있을까. 머리맡과 집 안 곳곳에 손수건을 두었다. 울음이 멎고 진정이 될 때는 무기력해졌다. 회피하듯 바빠지려 노력했지만 좋아질 때는 좋아진 내가 너무 싫었다. 이렇게 괜찮아져서는 안 될 것 같았다. 나는 스스로를 다시 무너뜨리고 알던 사람들을 모두 차단했다. 왜 그랬는지는 나도 모르겠다.

펫로스 프로그램에 참여해 치유를 위한 시간을 가졌다. 내가 만든 루리와 나의 이미지는 슬퍼 보이기만 했는데, 치유 시간이 끝나갈 무렵에는 다른 모습이 보였다. 내 위에 루리가 따닥따닥 붙어 있었다.

"와, 내가 되게 힘들었구나, 강진영 참 힘들었겠다."

내 입에서 탄식하는 소리가 저절로 흘러나왔다.

루리를 안고 짊어지고 다니던 날들이 스쳐 지나갔다. 관절이 얼마나 말도 못하게 아팠는지. 일본에서부터 같이 한국에 오느라 얼마의 비용을 지불했는지. 내 옆에 두기 위해 얼마나 많은 고생을 했는지. 예전에는 미처 모르고 지나쳤던 것들이 입에서 쏟아져 나왔다. 마치고 나니 속이 확 풀리고 시원했다. 나를 먼저 생각해본 건 처음이었다. 항상 루리를 위해 살아야 한다고 말했고, 루리를 먼저 생각했다.

지금의 나는 조금 달라졌다. 얼마 전까지는 아무것도 먹고 싶지 않았는데, 요즘엔 웃음도 나고 잘 먹기도 한다. 모바일 쇼핑몰에 들어가 옷을 사고, 남편에게 곱창이 먹고 싶다고 말했다.

감정은 하루에도 수십 번 왔다 갔다 했다. 얼마 전에는 사거리에서 있다가 신호등 앞 골든 리트리버를 보고 눈물이 쏟아져 나왔다. 길바닥에 주저앉아 미친 듯 울었다. 사람들이 모두 쳐다봤다. 성당에서도 미사 드리던 도중에 혼자 훌쩍거렸다. 어려서부터 마음의 문을 닫아놓고 힘들어도 울면 안 된다고 생각하며 살아왔다. 그래서 애창곡도 〈캔디〉다.

여덟 살 때, 엄마와 아빠의 이혼 이후로 한 번도 엄마 아빠가 보고 싶다고 말해본 적 없다. 그렇게 살아왔는데 이런 약한 모습을 보이고 곳곳에서 울다니 기막혔다. 어려서 못한 걸 지금 한다고 생각하려는데도 역시 창피했다.

달이 지나는 동안 괜찮게 지냈다. 낮엔 움직일 만했다. 그러다 해가 저물고 어둑어둑해지면 설움이 북받쳐 올랐다. "어딜 가야 사랑을 찾을 수 있을까"라는 지나간 유행곡 가사를 흥얼거렸다.

난 어쩌다 애를 잃어버린 걸까. 힘들 때마다 펫로스 서클을 생각했다. 강아지, 고양이, 앵무새까지 떠난 아이들 이름을 떠올려보았다. 그분들도 나와 똑같이 이 시간을 힘들게 보내고 있을 것이다. **나아지겠지, 나아지겠지.**

루리가 다 알려주고 갔다

루리가 없었다면 내 인생은 달랐을 것이다. 전업주부가 되지 않고 계속 일을 했을지도, 아기를 갖는 데에만 집중했을지도 모른다. 하지만 루리가 다 알려주고 갔다.

다른 사람들은 엄마와 친구처럼 지낸다고 하지만 어렸을 때부터 엄마를 어떻게 대해야 할지 몰랐다. 지금까지도 엄마를 그렇게 좋아하진 않는다. 루리가 가고서 엄마를 많이 용서하게 되었다. 루리가 떠나던 날, 엄마는 일본에서 바로 내게로 와주었다. 처음엔 죽고 싶다는 생각이 머릿속에 가득했다. 엄마는 내게 무슨 일이 일어날까 봐 24시간 나를 지켜보고 있었다. 그때는 물 한 모금도 넘기지 못했던 상태여서 그것도 알지 못했다. 아무것도 신경 쓰이지 않았다. 그런데 엄마가 조용히 내 곁에 있었다. 엄마는 절대 그런 사람이 아니었다. 성미가 거칠고 괴팍했다. 그런 엄마가 종일 말 한마디 없이 가만히 나를 지켜봐주었다.

일주일을 아침에 눈 뜨면 천장만 바라본 채 누워 보냈다. 첫 펫로스 상담을 받으러 가던 날, 엄마가 따라와 1층 커피숍에서 몇 시간 동안 혼자 기다려주었다.

'아, 그래. 이 사람은 내 엄마였구나.'

예전에 엄마는 모성애가 없고, 날 딸로 여기지 않는다고 생각했다. 이번에 처음으로 엄마와 나는 싸우지 않았다. 루리가 가면서 나에게 다 알려주었다. 엄마와 화해하라고. 전보다 엄마를 이해하게 되었고 더욱 용서했다.

그동안 내 자신에게 지나치게 엄격했다. 나를 재촉하고 안달복달하며 살았다. 완벽해야 한다고 스스로 달달 볶고 빡빡하게 굴었다. 매일매일 청소했고, 위경련이 일어나도 샤워를 꼭 했다. 루리가 떠나고 나서는 사나흘 씻지 않았고 먹지도 않았다. 일주일씩 청소도 하지 않았다. 조금 정신이 들고 집 안을 둘러보니 털과 먼지가 날리고 있었다. 지내보니 이렇게 살아도 괜찮았다.

그동안 허리도 어깨도 아프면서 해마다 제사와 김장은 왜 했을까? 시어머니는 제사를 지내지 말라고 하셨는데, 맏며느리로서 꼭 해야 한다고 생각했다. 한참 멀어진 것 같은 그날들이 미련스럽다. 기계 같은 삶을 그렇게 오래 살았다. 그때는 할 일이 많았고, 피곤했고, 신경이 날카로웠다. 지금은 걱정 없이 여유롭게 게을러졌다. 게으르니까 마음이 너그러워지는 걸까? 지금까지 이렇게 살아본 적이 없었다. 나에 대한 새로운 발견이다. 모든 것이 좋다. 다만 루리가 없다는 것, 오로지 그것 하나…….

펫로스 서클에 참여하면서 의지가 많이 되었다. 비슷한 처지에 있는 사람들이 굉장히 편했고 함께할 때는 마음이 풍족했다. 후폭풍이 밀려와 모든 것이 끝난 것만 같을 때는 이런 생각이 들었다.

'같이했던 그 사람들도 지금 나 같을까?'

아이를 잃고 우는 사람들 앞에서는 진심으로 있을 수 있었다. 그들의 아픔을 너무나 잘 알기에 도와주고 싶었다. 더 많은 사람들을 만나고 싶은 마음에 작은 모임을 시작하려 한다. **위로받고, 위로를 주기 위해.**

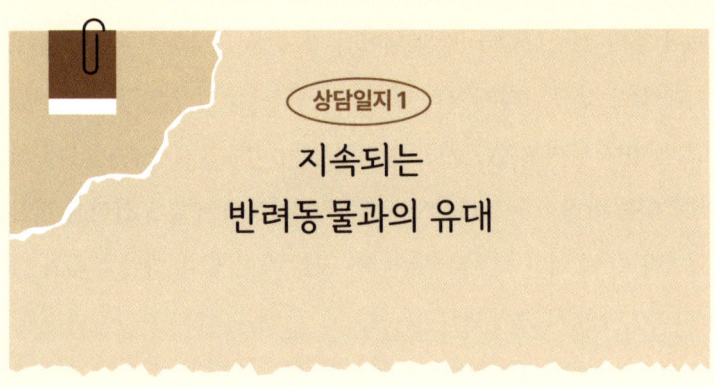

상담일지 1

지속되는 반려동물과의 유대

강진영 님은 '루리'가 떠나고 얼마 지나지 않아 상담실에 방문했습니다.

첫날 상담은 울음이 절반이었습니다. 쏟아지듯 이야기가 터져 나왔고, 말하는 강진영 님의 온몸이 비명을 지르는 것처럼 위아래로 들썩였습니다. 손쓸 틈 없이 속절없이 보낸 마음이 시리게 다가왔습니다. 이야기를 빠르게 따라가면서도 비통함의 폭포에 휩쓸리지 않도록 애써야 했습니다.

긴박했던 마지막, 믿기지 않는 죽음, 병원에 대한 원망, 멈춰버린 일상. 같이 살아온 13년, 중요한 길목마다 루리가 있었습니다. 일본에서 취업비자가 끊겨 어렵게 살았던 시절 한국에 돌아가고자 마음먹은 것도, 남편과 결혼을 결심한 것도 전부 루리 때문이었습니다. 슬픔에 빠진 부부에게 이사는 전환점이 되었습니다. 슬픔을 가지고 앞으로 걸어 나가는 한 걸음이었습니다.

상담실의 이야기는 시간이 지나면서 흐릿해진 기억을 더듬다가 끊길 때가 많았습니다. 언제였는지 또 기억이 나질 않는다고 당혹스러워하는 강진영 님에게 **기억력 감퇴와 집중력 저하는 사별에 대한 일반적 반응임**을 설명하며 천천히 생각해도 된다고 말했습니다. 그리고 반려동물의 죽음으로 슬픔에 빠진 사람들을 위한 프로그램인 펫로스 서클에 참여해볼 것을 권했습니다.

펫로스 서클의 큰 방향은 '재조정된 삶'을 살아갈 수 있도록 하는 것입니다. 반려동물은 죽어서 '없어진' 게 아니어서 반려동물과의 유대는 계속 지속됩니다. 무지개다리를 건넌 반려동물이 펫로스 서클과 같은 사회관계망으로 통합되면 반려인은 사회적으로 인정받으며 안정적으로 애도 작업을 거쳐 재조정된 삶을 살아 나갈 수 있습니다.

펫로스 서클 첫날 강진영 님은 작은 옷가지에 얼굴을 파묻고 앉아 있었습니다.

"루리 냄새를 맡고 있어요. 이 옷은 루리가 아기 때부터 입던 내복이에요. 내복이 뒤집히도록 뛰어다녔어요. 장례가 끝나고 버렸다가 쓰레기통을 뒤져서 다시 찾아왔어요. 드라이브를 굉장히 좋아했는데, 백내장이 오고는 이 선글라스를 쓰고 밖을 내다봤어요."

아이의 이름을 말하고 들을 수 있는 자리가 있다는 것이 얼마나 중요한지 모릅니다. 이야기에 속도가 붙었습니다. 사람들은 모아놓은 루리의 털, 콧수염, 송곳니를 부러워했습니다.

심리치료 현장: 반려동물과의 관계 및 자아상

더 깊이 파고 들어가 강진영 님과 루리의 관계를 살폈습니다. 겉으로 드러나는 모습이 아니라 의미에 집중하는 것이 중요합니다. 반려인과 반려동물의 관계 형태를 만드는 '조각 기법(sculpting)'을 사용했습니다. 이것은 사이코드라마 기법 중 하나로 사별한 반려동물과 맺어 온 관계의 이면을 알 수 있고, 반려인이 자신의 상태를 즉각적으로 인식할 수 있어서 자주 사용하는 방법입니다. 사별한 반려인들은 서로의 이야기에 공명하면서 참여하게 됩니다.

강진영 님은 첫 번째 조각을 만들고 '내 새끼'라고 이름 붙였습니다.

"내 새끼가 아니라면 그렇게 하지 못했을 거예요. 모든 걸 다 참을 수 있었어요. 얘만 건강하게 살아준다면 몸이 부서지는 한이 있더라도……."

지켜보던 다른 참여자들도 아이를 위해서라면 힘든 일들을 기꺼이 할 수 있었다고 고개를 끄덕였습니다. 그중 한 명이 말했습니다.

"그래서 우리 식구들은 애물단지라고 불렀어요."

이에 강진영 님은 남편도 루리를 '국민 얌체'라고 불렀다며 반색

했습니다. 사람들 사이에 동감하는 웃음이 번졌습니다.

두 번째 조각은 '보호자'로 나타났습니다. 자연스레 루리의 입장에서 표현이 되었습니다. 이번에는 '역할 바꾸기 기법(role reversal)'을 사용했고, 몰입한 강진영 님의 입에서 루리의 말이 흘러나왔습니다.

"나는 강진영의 보호자예요. 강진영이 대인 기피증에 걸려 힘들었던 시기에 내가 지켜줬어요. 나는 진영이만 쳐다보고 무슨 일이 생길까 항상 딱 달라붙어 있었어요. 감시도 했어요. 그때 많이 약해져서 죽을 것 같았거든요. 내가 지켜줘야 한다고 생각했어요. 힘이 되려고 이쁜 짓도 더 많이 하고 진영이가 집에 들어오면 더 반겨줬어요."

저는 루리에게 물었습니다.

"루리야, 그런 보호자 역할을 얼마나 해왔어?"

"13년 동안요."

우리는 반려동물을 일방적으로 돌보는 대상이 아니라 사람과 서로 지켜주고 의지한다는 것을 경험적으로 알고 있습니다. 강진영 님도 반려동물 옆에서 삶의 고단함을 녹이고 의지를 다지며 새로운 날을 다시 헤쳐왔습니다.

강진영 님은 '살아가는 이유'로서의 루리를 세 번째 조각으로 만들었습니다. 그 옆에는 루리를 돌보는 것을 우선순위로 하루하루 살아온 강진영, 즉 자신의 조각도 있었습니다. 저는 이 광경으로부터 거리를 두기 위해 강진영 님이 루리와 자신의 조각에서 멀찍이 떨어지게 한 후, 마치 거울을 보는 것처럼 자기 자신을 바라보도록 했습니다. 이 '거울 기법(mirroring)'은 익숙한 것을 낯선 시선으로 바라보고 다른 관점에서 인식하는 효과를 가져옵니다. 얼마간 시간을 두었다가 떨어져 바라본 모습들이 어떠한지 질문했습니다.

"강진영이 정말 많이 힘들었겠다는 생각이 들어요."

반갑고도 놀라웠습니다. 사별한 반려인들은 자신이 애쓴 일을 낮게 평가하고 반려동물을 돌보느라 힘들었겠다는 주위 말에 선뜻 동의하기 어려워하는 경향이 있습니다. 이것은 큰 성과였습니다. 위와 같은 심리치료 방법들은 그 효과가 뛰어나 자신의 경험을 재형성하고 새로운 관점에서 다시 해석할 수 있게 합니다. 강진영 님이 마지막에는 지금까지 자신을 숨겨왔다고 말했습니다.

"여태껏 감정을 속이고 아닌 척했어요. 오늘 즉흥적으로 하고 나니 속이 시원해요. 루리가 가고 처음엔 정말 죽을 것 같았는데, 이제 방향을 다시 잡아야겠다는 생각이 들어요."

애도의 긴 여정

강진영 님이 자신의 노고에 눈을 돌리자 따라오는 죄책감을 다룰 수 있게 되었습니다. 강진영 님은 자신이 버거웠다는 사실을 받아들이

지 못하고 밀어내고 있었습니다. 당연한 듯 자신을 책망했습니다. 밥을 먹다가도 속이 콱 막힌다고 했습니다. 아이가 가버린 상황에 어떻게 자신부터 생각하고 챙길 수가 있는지 자책하는 것이었습니다. 우리는 이것들에 '떡처럼 엉겨 붙은 죄책감'이라고 이름 붙였습니다.

반려동물이 무지개다리를 건넌 후 무탈하게 지내면 사랑하는 아이에게 몹쓸 짓하듯 이상하고 미안한 기분이 듭니다. 슬프고 괴로운 상태에서 나아지고 싶은 게 당연하다는 걸 알지만 잘못인 것처럼 마음이 무겁습니다. 겉으로 보기에 괜찮은 것 같아도 내면에서는 격렬한 충돌이 일어나고 있습니다.

저는 천천히, 다음 단계 이야기를 시도했습니다. 인생의 모든 것을 루리와 하나로 여기고 있다는 점, 인간이 가진 생존 욕구와 새롭게 닥친 환경에 적응해야 할 때 사고방식을 바꾸게 된다는 점을 말했습니다. 강진영 님은 지금까지 해왔던 노력, 그리고 현재의 일상적인 행동을 루리의 죽음과 무조건 연관시키지 않고 분리하는 연습을 해나갔습니다. 익숙한 대응법도 바꾸어야 했습니다.

강진영 님은 매사 정확한 성격이었습니다. 힘들 땐 울지 말자 다짐하며 넘겨왔습니다. 하지만 루리가 가고 나서는 40년 이상 고수해온 방식이 통하지 않았습니다. 울음이 터져 길바닥에 주저앉아 엉엉 울고 간단한 일도 깜박 잊어버려 노심초사했습니다. 그럴 때마다 자신이 다른 사람 같았습니다.

사람은 저마다 어릴 때부터 자신을 보호하기 위해 익혀온 방식들이 있습니다. 이는 자동 반사적인 대응 행동에 가까운데 이미 유효하지 않거나 도리어 해로운 방식일 때가 많습니다. 쉽게 표현하자면, 그 방법은 더 이상 통하지 않습니다. 따라서 상실을 받아들이고 인정해야 할 뿐 아니라 내적으로도 자신을 변화시켜야 하기 때문에 안팎으로 에너지를 쓰느라 기진맥진합니다.

부부의 상실과 연결

우리는 주위 사람들에게 이해받지 못해 입을 다물게 되었던 일들에 관해서도 이야기를 나눴습니다. 가까운 이가 상실감에 젖어 있는 모습은 지켜보기에 딱합니다. 그만 슬퍼하라고 말하고 싶은 충동이 들기도 합니다. 돕고자 하는 의도였더라도 감정을 억누르게 하는 압력으로 작용하면 정반대의 결과를 낳습니다.

사랑하는 반려동물을 잃고 힘들어하는 사람을 진심으로 위하고자 한다면 상실의 무게를 알아주는 것이 우선임을 기억해야 합니다. 우리가 할 수 있는 기본적인 일은 '말은 신중히 하고 시간을 내 이야기를 들어주며 옆에 있는 것'입니다.

강진영 님에게는 힘든 날 말 없이 그저 곁에 있어준 엄마와 심정이 오죽하겠냐며 밥을 사주는 아빠가 계셨습니다. 이 과정에서 오랜 세월 벽을 쌓아둔 엄마와 마음으로 화해하기도 했습니다. 강진영 님의 부모님이 하신 일들은 상실을 겪은 이에게 할 수 있는 가장 좋은 방법 중 하나였습니다. 그리고 강진영 님 옆에 유대감이 끈끈한 배우자가 있었습니다. 강진영 님의 찢긴 마음을 알아주는 남편입니다. 남편은 루리가 가던 때의 기억을 쉽사리 입 밖에 내지 못하고, 밥 먹다가도 눈물을 흘리는 아내를 묵묵히 지켜봐주고, 어떤 날은 루리의 흉내를 내며 웃게 합니다. 자식과 같은 반려동물이 무지개다리를 건너면 부부의 세상에 짙은 슬픔이 내려앉습니다. 상실이 현실적인 위기로 다가옵니다. 부부관계는 더욱 긴밀해지기도, 악화되기도 합니다. 상실감을 나누며 같이 헤쳐 나아갈 의지가 있고 균열이 생길 시 외부의 도움을 받아들일 준비가 되어 있다면 좋은 징조입니다.

상실의 슬픔을 통해 부부는 강하게 연결될 수 있습니다. 아이를 잃은 심정은 당사자인 부부만의 감정이기 때문입니다. 쉽지 않지만 뚫린 자리 주위로 함께 새로운 삶을 세워나갈 수 있습니다. 강진영 님 부부에게는 부드러운 훈풍이 불고 있었습니다.

강진영 님은 펫로스 서클에서 알게 된 사람과 친해져 평소 자주 오가는 사이가 되었습니다. 두 사람 사이에는 공통점이 많았습니다. 말이 통하고 서로 아껴주는 친구를 만난 건 참으로 잘된 일이었습니다. 그리고 몇몇 사람들과 주축이 되어 펫로스 자조 모임(반려동물 사별 당사자들의 지지망)을 꾸렸습니다.

"여기 오면 편안해요. 제가 위로받은 것처럼 아이 보낸 분들에게 저도 위로가 되고 싶어요."

강진영 님은 성당에도 다시 나가기 시작했습니다. 펫로스 자조 모임에서 동물 영혼에 관해 쓴 신부님의 칼럼을 공유하기도 했습니다. 따뜻한 논조의 칼럼을 읽어 내려가는 천주교 신자들의 얼굴이 밝아졌습니다.

어느 날, 성당에 루리의 초를 켜고 왔다고 했습니다. 그 옆자리에 자조 모임의 다른 아이들 초도 하나씩 밝히고, 저를 위한 초까지 함께 켜두었다는 말에 왠지 제 눈시울이 뜨거워졌습니다. 촛불 하나에 아이들 하나, 무지개다리 너머 반려동물 아이들이 어울려 함께 있는 모습이 그려졌습니다.

루리에게 보내는 편지

루리야!

오동통한 앞발, 옹졸해 보이는 입술, 심술쟁이 볼따구.

몽실몽실 엉덩이, 너만의 침 냄새, 귀여운 콧수염.

너무나 그리운 내 강아지 루리야!

쑥스러운 듯 고개 숙이고 뒤뚱거리며 내게로 걸어오던 너와의 첫 만남.

엄마는 너의 모든 걸 잊지 않을 거야.

널 처음 만난 그날부터 넌 내 삶의 이유가 돼버렸어.

그리고 네가 떠난 지금, 이토록 숨 막히고 가슴 찢기는 고통을 견디며

살아가는 이유 또한 다시 너와 만나기 위해, 영원히 함께하기 위해서야.

넌 언제나 내가 살아가는 이유란다.

우리 꼭 다시 만나자!

그때까지 루리도 행복하게, 씩씩하게 지내고 있어야 해.

사랑한다. 내 새끼. 내 사랑 루리야!

ルリちゃん! 愛してるよ~

별아, 둘째도 사랑할 수 있을까?
무엇으로도 채울 수 없는 빈자리

이름: 별이(몰티즈, 수컷, 9살)

#유기견 #부부 #기도 #재입양 이후 #혼란 #비교
#영역 분리 #빈자리 #관계 정립 #유기견 보호소
#환영하기 #의식 만들기 #연결하기 #결속 확인 #수용
#받아들임 #드라마치료 #그대로의 나
#상실감과 함께 살기 #현재에 뿌리내리기

동글동글한 눈, 작지만 당차고 뛰는 걸 좋아했던 '별이'.

매일매일 보고 싶은 우리 별이.

우리가 다시 만나는 날 정말 기쁘겠지.

엄마는 그 생각을 하면서 그리움을 달래곤 해.

엄마가 꿈에서 별이를 안고 있는데 너무 좋더라.

별이야, 우리 별이. 엄마 아빠가 정말 사랑해.

> 이윤정 님은 결혼 5년 차에 유기견 보호소에서 유독
> 눈길이 가는 별이를 입양합니다. 가족의 빛나는
> 별이었던 아이가 갑작스레 떠나고 아픔이 채 가시지
> 않은 채, 유기견 단체에서 둘째 강아지 코코를
> 재입양하게 됩니다. 하지만 첫째 별이가 코코와의
> 시간에 가려진 것만 같아 미안함과 빈자리를 더욱
> 실감하고, 복합적인 혼란에 마냥 그 시간을 기뻐하지
> 못하고 있었습니다.

눈길이 가는 아이 '별이'

결혼한 지 5년이 되었을 무렵, 남편과 의기투합해 유기견을 입양하기로 했다. 가장 먼저 유기견 보호소 공고를 뒤져보기 시작했는데, 예쁜 강아지가 많았지만 그중에서도 유독 눈길이 가는 아이가 있었다.

'몰티즈/수컷/3살 추정.'

산발로 흩날리는 털과 지저분한 얼굴, 철창 너머로 똥글똥글한 눈동자가 빛나고 있었다. 몰티즈는 어렸을 적부터 몇 번 키워봤던 종이라 친근했다. 그렇게 보호소로 '별이'를 만나러 간 날, 별이는 나를 보자마자 품에 착 안겨 왔다. 마치 내가 키워온 아이인 것처럼.

그날 밤 거실에 준비해둔 강아지 집에 별이를 혼자 두고 방문을 닫자, 별이가 안방 문을 집요하게 긁기 시작했다. 영문을 몰라 어리둥절했다가 이내 별이가 원하는 바를 알게 되었다. 우리와 함께 자겠다는 거였다. 지금까지 개와 같이 잔다는 걸 상상해본 적도 없었다. 어릴 적엔 항상 마당에 개를 묶어두고 키웠다. 두 시간이 넘도록 별이가 방문을 긁어대자, 남편이 이렇게는 안 되겠다며 안방과 거실 사이에 이불을 깔고 드러누웠다. 별이가 총총총 따라와 몸을 붙여 왔다. 사람의 온기를 느끼며 잠들고 싶은 듯했다.

시간이 지나며 야위었던 별이의 몸에 살이 많이 오르고 거칠었던 털도 부드러워졌다. 집에 혼자 두면 울던 습관도, 분리불안도 사라졌다.

별이는 주체할 수 없는 에너지를 가진 강아지였다! 소형견이라고는 믿기지 않을 정도로 활발하고 힘이 넘쳤다. 작은 것 하나에도 신나 하고 언제 어디서든 달릴 수 있는 곳이라면 질주했다. 너무 빠르게 달려서 우리가 따라가지 못할 때도 많았고, 엄청난 체력을 따라잡을 수 없어 우리가 먼저 나가떨어지기 일쑤였다. 별이는 지치는 기색 하나 없이 마냥 즐거워 보였지만 쉬지 않고 뛰어다니니 잡아두고 강제로 쉴 수 있게 해줘야 했다. 그래도 활력에 찬 모습을 볼 때마다 내심 흐뭇하고 즐거웠다. 별이는 수영마저 곧잘 하며 즐겼다. 한 가지 아쉬운 점이라면 차 안에서도 가만히 있질 못해 여행을 가기가 어렵다는 것이었다.

우리 가족의 빛나는 별

한 해가 지나고 우리 가족은 조금 더 넓은 집으로 이사했다. 한 집당 강아지 한 마리씩은 키우는 아늑한 빌라였다. 이웃들끼리 서로 이해하고 배려하는 따뜻한 분위기를 형성하는 곳이었다. 별이와 더욱 많은 시간을 보내기 위해 작업실도 집 근처로 옮겼다. 집에서든 작업실에서든 어디에서나 우리는 늘 함께였다. 눈 맞춤을 좋아하는 별이와 마주 보며 깊이 교감하는 순간이 쌓여갔다.

언젠가 별이를 목욕시키다가 실수로 눈에 샴푸가 들어가 별이 눈이 충혈된 적이 있었다. 2시간마다 안약을 넣어주어야 했는데, 새벽에도 매시간 알람이 울리기도 전에 깨어 있는 나를 발견했다. 아침잠 많던 내가 별이 일이라면 절로 눈이 떠졌다.

하루는 별이가 운동장에서 뛰어놀던 중 갑자기 큰 개가 빠른 속도로 달려들었다. 겁에 질려 일순간 별이의 목줄을 잡아채 별이를 안아 올렸다. 별이가 무사한지 확인하면서 눈물이 흐르고 심장이 쿵쿵 터질 것처럼 뛰었다. 다행히 별이는 다치지 않았다.

'만약, 얘가 잘못되기라도 했더라면······.'

생각만 해도 너무나 끔찍했다. 별이는 나의 소중한 보물, 나의 아이였다.

별이와 우리 가족에게 행복한 일만 생긴다면 얼마나 좋을까? 급작스레 모든 일이 순탄치 않았다. 나는 과부하가 걸려 일을 쉬어야 했고, 남편은 다니던 회사에 문제가 생겨 그만두게 되었다. 심적으로도 재정적으로도 힘든 나날들이었다. 하지만 거실에서 별이와 하늘을 바라보며 누워 있을 때면 걱정과 불안이 사라지는 듯 편안했다.
회사를 그만둔 남편은 별이와 더 많은 시간을 보낼 수 있게 되었다. 남편은 별이와 함께 보내는 시간을 소중히 생각하며 별이를 공원에 자주 데려가 맘껏 뛰어놀게 해주었다.
"직장이야 다시 구하면 되고, 돈이야 또 벌면 돼. 그치?"
모든 일이 마음처럼 되지 않았지만 그건 그리 중요하지 않았다.

데려가시면 안 돼요

가을 아침이었다. "별아, 산책 가자!" 하고 앞서 나간 남편이 얼마 되지 않아 별이를 안고 그대로 돌아왔다. 별이가 걷지 못하고 자꾸 주저앉는다고 했다. 병원으로 급히 달려가 저녁까지 수액을 맞혔다. 그제서야 별이는 왕왕 짖었다.

"그럼 그렇지. 우리 별이는 강한 아이야. 괜찮아질 거야."
말은 그렇게 했지만 내심 불안했다.
'하나님, 별이 데려가시면 안 돼요.'
별이를 데리고 집으로 돌아오는 길에 기도했다. 집 계단을 오르면서도 간구했다.
'제발 데려가지 마세요. 데려가시면 안 돼요. 데려가시면…… 안 돼요…….'
뜬눈으로 밤을 지새우며 별이의 호흡을 확인했다. 어느덧 아침이 찾아와 별이의 등을 쓰다듬어주는데 별이가 크게 두 번 숨을 내뱉더니 힘없이 쓰러졌다.
"별아!"
남편이 뛰어왔다. 카펫 위에 별이의 소변이 흐르고 있었다. 응급실로 달리는 차 안에서 별이의 코에 숨을 불어넣었다. 별이의 분홍색 혀가 점점 보라색으로 변해가는 게 보였다. 빠져나가는 생명을 간절히 붙잡고 싶었다. 별이의 영혼이 점점 멀어져가는 걸 느꼈다. 병원에 도착해서 심폐소생술을 해도 별이는 돌아오지 않았다.
"별이야! 별이야! 별이야!"
별이의 몸을 잡고 남편이 울부짖었다. 우두커니 서서 그저 바라만 볼 수밖에 없었다. 별이를 마지막으로 한번 안아볼 생각도 못하고 가까이 다가갈 수조차 없었다.

'이게 다 뭐지…… 어떻게 된 거지…….'

별이와 함께한 여섯 번째 가을날이었다. 관에 조용히 누워 있는 별이는 잠든 것만 같았다. 엄마와 친한 언니도 별이의 장례식장에 왔다. 남은 유골은 너무 조그마했다. 희한하게도 나무 유골함에서 따스한 온기를 느꼈다. 에너지 넘치는 별이, 사람 좋아하는 나의 별이……. 한동안 유골함을 안고 잠을 청했다. 하루하루를 어떻게 보냈는지 기억이 나지 않는다. 별이를 잃은 혼란만이 가득했다.

둘째 '코코'도 분명 내 아이인데……

한 달이 지날 무렵, 유기견 단체에서 '코코'라는 강아지를 맞이하게 되었다. 코코는 솜사탕처럼 뽀얗고 귀여운 아이였다. 문제는 내 마음이었다. 그대로 둔 별이의 물건들을 코코가 갖고 놀거나 만지는 게 싫었다. 코코의 발소리가 들리면 그 소리가 별이의 발소리였으면 하고 바랐다. 그런 내 자신이 못마땅했다. 저 아래 바닥까지 곤두박질치는 기분이었다.

'이러려고 코코를 데려온 건 아닌데……. 나는 동물을 키우면 안 되는 사람이야. 자격이 없어.'

코코를 보러 오라고 엄마에게 전화를 걸었다. 엄마는 별이를 예뻐해서 이전에도 별이를 보러 자주 집에 오셨다.

"아이구, 얘가 코코구나. 별이보다 예쁘게 생겼네!"

엄마의 말이 가슴을 찔렀다.

'아닌데! 별이가 훨씬 예쁜데. 다른 사람들이 보기에는 코코가 더 예쁜가?'

화가 났다가 곧이어 이런 생각을 하는 내 자신이 당황스러웠다.

'코코도 분명 내 아이야. 그런데 왜 화가 나는 거지?'

남편이 별이에 대해 '정말 좋은 친구를 잃은 거 같다'고 묘사할 때도 화가 났다. 별이는 친구가 아니라 '나의 아이'였다. 친구 정도로 부르기엔 너무 부족했다.

불과 얼마 전만 해도 일분일초도, 한순간도 별이를 잊을 수 없었다. 그런데 코코를 돌보며 별이를 잠시 잊어버리곤 했다. 자러 가기 전에 "별이야, 엄마 들어가서 잘게" 하고 말하며 유골함을 쓰다듬는 것을 잊은 날도 있었다. 그러다 다시 별이를 생각하면 잊고 있었다는 사실이 미안하고 가슴 아팠다. 그리고 코코의 예쁜 모습에 나도 모르게 웃음이 나면 기분이 이상했다.

'아, 내가 웃고 있네? 이렇게 잊어가는 거야?'

코코를 보며 느끼는 기쁨을 온전히 누릴 수가 없었기에 코코에게도 미안했다. 별이 때는 마냥 좋았는데…….

코코를 혼자 둘 때는 걱정이 앞섰다. 아이를 혼자 두면 안 된다는 생각이 들고 불안했다. 4시간 정도는 개를 혼자 두어도 괜찮다는 걸 경험으로 알고 있었다. 하지만 한두 시간 이상 외출하게 되면 코코를 꼭 이웃집이나 반려견 호텔에 맡겼다. 실제로 코코는 내가 외출해도 쳐다보지 않고 밥도 알아서 잘 먹는, 분리불안 따위는 없는 아이였다. 그러나 내 마음은 그렇지 못했다. 오래전 별이를 긴 시간 혼자 두었던 기억이 마음에 걸렸기 때문이다. 정말 코코를 위해서 이러는 건지, 아니면 별이를 혼자 두었던 일을 되풀이하고 싶지 않아서 이러는 건지 헷갈렸다.

'별이는 사람이 없으면 밥을 안 먹었는데……. 혼자 있을 때 무서웠겠지?'

일 때문에 어쩔 수 없었더라도 별이를 혼자 두었던 시간은 마음에 여전히 남아 있었다. 그리고 그 마음은 코코를 돌보며 세차게 흔들렸다.

재입양을 결심한 이유

별이가 떠난 후 남편과 손을 잡고 이야기했다.

"별이는 우리가 같이 키운 아이야. 같이 보낸 아이야. 함께 겪은 일이니까 서로 이야기 나누자. 혼자 힘들어하지 말자. 생각나면 생각난다고, 보고 싶으면 보고 싶다고 그렇게 말하자."

별이의 죽음을 우리만 알고 보낸다는 게 싫어 SNS에 게시물을 올렸다.

'별아, 좋은 곳으로 가. 별이 기억해주세요.'

게시물에 댓글이 달렸다.

'보내봐서 압니다.'
'별이를 기억할게요.'

사람들의 진심이 와 닿았다. 동물병원 수의사 선생님도 직접 전화로 별이의 마지막을 자세히 설명하고 펫로스 프로그램도 소개해주셨다. 전화를 끊고서 동물을 사랑하고 동물과 교감하는 사람들을 만나고 싶다는 생각이 들었다.

펫로스 프로그램에 참여한 첫째 날은 다른 아이들 이야기에 안타까웠고, 둘째 날은 행복했던 아이들의 모습을 보는 게 좋았다. 별이가 떠난 후로는 뛰노는 강아지들을 보면 눈을 딴 데로 돌렸다. 별이의 지나친 활발함이 발병을 부추겼다는 생각에 마음이 좋지 않았기 때문이다. 펫로스 서클에서는 아이들의 뛰는 모습이 기분 좋게 다가왔다. 별이와의 추억도 되살아났다.

'아, 우리 별이가 저렇게 즐겁게 달리고 행복해했지.'

별이가 없다는 것에 집착하고 아파하느라 별이가 가장 행복했던 때를 잊고 있었다.

둘째 코코에 대한 고민거리도 털어놓았다. 상담 선생님에게 **별이에게는 별이의 영역이, 코코에게는 코코의 영역이 있다고 들었다. 각각의 동물은 다른 의미와 공간을 가진다는 것이었다.**

'맞아, 별이와 코코는 각기 다른 아이지. 둘을 분리한다는 생각을 못했었구나.'

저녁마다 콘솔 위에 둔 별이 유골함 앞에서 시간을 보내기로 했다. 코코와 기쁨이 있을 때는 그 감정 그대로 고스란히 느껴보려고 했다.

남에게 의지하는 성격이 아니었는데 혼자 있을 수 없는 상황이 자꾸 생겼다. 별이에게 인사해주던 동네분들은 별이가 갔다는 말에 말없이 손을 잡아주셨다. 지인들은 소식을 듣고 연락을 해왔다.

"윤정, 나와. 점심 같이 먹자."

"윤정아, 괜찮아?"

손 내밀어주는 지인들에게 고마웠지만 밖에 나가고 싶지 않았고, 별이를 생각하면서 혼자 울고 싶었다. 만약 그랬더라면 더욱더 힘들었을 것이다. 무슨 일이 있을 때마다 혼자 묵묵히 견디던 성격은 이번에 완전히 달라졌다. 사람들에게 많이 위로받고 의지했다. 신기하고 고마웠다. 위로를 줄 수 있는 사람들이 이렇게 많다니…….
'내가 너무 닫혀 있었나 봐. 내 이야기를 많이 숨기고 살았구나. 민폐인 줄 알았는데 그게 아니었네. 혼자 견디지 않아도 되는 거였어.'
사람들과의 관계가 편안하게 느껴졌다. 사람들의 위로와 따뜻한 말이 나를 지탱해주고 있었다.

별이를 보내고 언제나 그리움이 있었다. 산책길을 나설 때마다 눈이 초롱초롱 빛나던 아이. 집에 돌아갈 때면 시무룩해 가지 않겠다고 버티던 아이. 큰 개들과 달려도 지지 않던 아이. 자신이 소형견이란 걸 모르는 것 같아 웃음을 주던 아이. 아삭아삭한 당근, 양배추, 오이를 좋아하던 아이. 뜯어먹는 간식을 조각조각 잘라줄 때까지 기다리던 아이. 싫은 것도 엄마인 내가 하면 잘 참아주던 아이. 잠은 꼭 나와 남편 사이에서 자던 아이. 항상 내 무릎에 앉아 있던 껌딱지. 나의 별이…….
그리움 속에서 가장 궁금한 것이 있었다.
'별이는 잘 있을까? 내가 없는데도 괜찮을까?'

별이가 좋은 곳에 갔다는 걸 확인하고 싶은 마음에 교회 목사님과 많은 대화를 나누었다. 사람과 교감하고 사랑한 동물들은 천국에 간다는 결론을 내렸다. 별이가 천국에 행복하게 있다는 확신이 들었다. 그 결론을 바탕으로 다른 동물에게도 사랑을 주기로 했다. 앞으로 살아가는 동안 동물을 계속 키우고 보살피겠다고 마음먹었다. 세상에는 여전히 버려지고 학대당하는 아이들이 많았다.

반려동물을 키우면서 알게 된 건 내가 주는 것보다 내가 받는 것이 더 크다는 사실이었다. 별이 또한 유기견이었기에 그 의미를 이어가고 싶었다. 그래서 빨리 유기견 센터에서 둘째를 입양했던 거였다. 코코를 입양하고 시간이 흐르며 별이의 빈자리를 더욱 실감했다. **별이의 자리는 그 무엇으로도 채울 수 없다.**

괜찮지 않아도 괜찮아

치유 프로그램 시간에 다른 반려인의 애도 작업에 동참했다. 나는 '더블'* 역할을 맡았다.

"괜찮아, 괜찮아."

---

* 사이코드라마의 '더블(double, 이중자) 기법'. 분신, 내적 목소리, 대변자로도 소개되며 표현 및 탐색을 돕고 힘을 실어준다. 여기에서는 반려동물을 잃고 힘들어하는 이를 지지하는 이중자 역할이었다.

반려동물을 잃고 아파하는 사람에게 몇 번이고 "괜찮다"라고 말하면서 오히려 나의 마음이 따뜻해지고 긴장이 풀리는 느낌이었다.

그리고 내 차례가 돌아왔다. 별이와 나의 아름다운 순간이 연극 무대 위의 장면처럼 펼쳐졌다. 별이가 날 둘러싸고 있었다. 몸이 떨리고 눈물이 났다. 이건 슬퍼서가 아니었다.

'우리가 이만큼이나 사랑했구나. 이렇게나 깊게 연결되어 있구나.'

나와 포개져 있던 별이가 말하기 시작했다.

"엄마! 난 엄마랑 이불 속에서 안고 있는 게 너무 좋아. 가끔 나 베고 누워도 되냐고 물었지? 엄마랑 침대에서 뒹굴고 장난치는 게 제일 좋아. 늦잠 자고 밥 늦게 줘도 괜찮아! 난 엄마를 편하게 만들어주잖아."

별이의 당찬 목소리가 들려왔다. 세상의 모든 피곤이 풀리는 솜이불 같은 나의 별이…….

언제부터였을까? 흐느끼고 있던 나에게 내 유전자를 물려받은 것 같은 별이가 말했다.

"나는 엄마를 닮아서 집중력이 뛰어나. 목표가 있으면 꼭 이뤄내! 좋고 싫은 것이 분명하고 깔끔해. 절대 대소변을 묻히거나 더럽히지 않아. 나랑 엄마는 완전 똑같아. 우리는 그런 유전자야. 엄마를 닮은 게 너무 좋아, 우린 정말 잘 맞아!"

듣고 있자니 웃음이 나왔다. 그래서 우리가 서로 좋아한 거구나. 눈물을 닦고 별이에게 말했다.

"별아, 넌 강아지지만 진짜 내가 낳은 거 같아. 별이 너는 내가 낳았어. 그건 사실이야. 쏙 빼닮았어. 신기할 정도로……."

바라본 우리 모습이 편안했다. 내 속에서 오랫동안 해온 자문자답이 개운하고 명쾌해졌다. 그동안 나는 내가 괜찮다고 믿었다. 그런데 그건 압박에서 온 것이었다. 강하게 버티라고 스스로를 몰아세웠다.

'이만큼 했으면, 이 정도 지났으면 괜찮아져야 하지 않아? 계속 이렇게 슬프면 안 되는 거잖아.'

치유 시간에 크게 소리 내어 아니라고 말하자 눈물이 흘러내렸다.

"난 아직 괜찮지 않아요."

상담 선생님이 '힘들다는 걸 부인하지 말고 느껴보라고, 받아들이는 것도 괜찮다'고 했다. 그 순간 나 자신을 받아들이며 편해졌다. 슬픔을 숨기려고 했던 나를 발견했다. 괜찮지 않다는 확인이 역설적으로 힘들 때마다 위안이 됐다. 다시 말해, **괜찮지 않다고 받아들인 것이 나를 괜찮게 만들어주었다.**

내 마음이 아픈 상태를 진심으로 받아들였다. **나는 괜찮지 않은 상태이며, 이런 지금의 나도 괜찮다. 가끔 펑펑 울어도 되고, 가끔 코코를 잘 챙기지 못해도 된다.**

코코를 키우며 부담감이 있었다. 때론 내려놓고 싶기도 했다. 아무리 그래도 별이 키울 때보다는 잘해야지 생각했다. 이제는 안다. 그런 생각이 나를 더 힘들게 만들었다는 것을. 그렇게 해야 한다는 법은 없다. 더 잘할 필요 없다. 나 스스로 자신을 누르고 있었다. 그대로의 나로 살아가도 된다. **나는 지금 이렇게 살면 된다.**

맑은 날, 텅 비어 있던 하늘에 갑자기 커다란 흰 구름이 떴다.

'별이다!'

눈앞에서 별이가 신나게 뛰어놀고 있었다. 하늘을 볼 때마다 가슴으로 말한다.

"우리 별이 잘 있구나. 엄마는 지금 이렇게 살고 있을게. 우리 나중에 만나."

새로운 반려동물을 가족으로 맞이하고 나서

이윤정 님은 유기동물에 사랑을 주려는 결심으로 유기견 단체에서 둘째 '코코'를 입양한 후 상담을 신청했습니다. 이윤정 님은 결혼 10년 차로 남편과 서로 격려하며 '별이'의 죽음을 조금씩 받아들이고 사회활동을 잘 해나가고 있었지만 일면 어려움을 겪고 있었습니다. 어쩐지 코코가 별이의 물건을 쓰는 게 싫고, 코코를 챙기다가 별이를 덜 떠올린 날이면 기분이 이상했습니다. 상담 주제는 좁혀졌습니다.

'별이를 사랑하는 것처럼, 코코도 사랑할 수 있을까?'

갑자기 무너진 별이의 생명과 함께 이윤정 님의 가슴 한구석도 무너져 내려 있었습니다. 이윤정 님은 쓰러진 별이를 안고 멈추지 않던 기도의 순간을 눈물로 회상했습니다. 오래 지나지 않아 유기견 단체에서 코코를 맞이하자, 별이의 공백과 코코의 시작이 겹쳤습니다. 가족의 빛나는 별이었던 별이. 그런 별이가 코코와의 시간에 가려지는 것 같아 미안했습니다.

아이를 떠나보내고 어렵게 새로운 반려동물을 가족으로 맞이하면 그때부터 완전히 새로운 과제에 직면하게 됩니다. 첫 만남부터 모든 과정이 다시 시작됩니다. 아이를 보내고 괴로운 와중에 잘해 보겠다 결심하며 새로운 아이를 받아들였지만 예측하지 못한 일이 생깁니다. 새로운 아이를 보면서 이별한 아이의 빈자리를 더욱 실감합니다.

'이제 진짜 없구나.'

늘 함께해온 그 아이가 아닙니다. 생김새도, 하는 행동도 다르고 묘한 이질감이 느껴집니다. 떠난 아이와 자꾸 비슷한 점을 찾고 비교해보기도 합니다. 특징, 성격, 식성, 우리끼리 하던 소소한 습관들…….

'역시 다르구나. 똑같은 아이는 없구나. 애는 우리 애가 아니야. 대체 지금 뭐 하는 거지?'

상담실에서 만난 반려인들은 재입양을 마냥 기뻐하지만은 않았습니다.

"왠지 죄를 짓는 기분이에요."

"옛날에 지금처럼 잘할 걸 그랬어요."

떠난 아이에게 미안해하고 아쉬워합니다. 아이가 제대로 못 누리고 흘러간 시간이 야속합니다. 지금이야말로 더 잘할 수 있는데 말입니다. 대개는 현재에 비해 서툴거나 경제력이 없던 탓에 어쩔 수 없이 일어났던 일들입니다. 새로운 아이를 돌보려 주의를 기울이다 보면 이별한 아이에게 말을 걸고, 흔적을 찾고, 추억이 깃든 장소에 가고, 떠올리고 그리워하던 시간이 줄어듭니다. 새로운 아이와 생활을 시작하고서 저절로 미소 짓고 아이의 모습을 사진 찍고 싶어지기도 합니다. 이런 변화는 무지개다리 너머 아이와의 사랑을 저버리는 일처럼 느껴집니다. 슬픔의 시간을 일부러 도려내 버린 것만 같습니다. 새로운 아이에게 조금 소홀한 날에는 그것대로 괴롭습니다. 그래서 마음을 다 줄 수도, 안 줄 수도 없습니다. 무지개다리 너머 아이에게도, 새로운 아이에게도 미안해지는 형국입니다. 내 마음인데도 불구하고 종잡을 수가 없습니다. 일상에서 이런 복합적인 혼란이 반복됩니다.

예방접종과 같이 비교적 간단한 의료 처치에도 긴장되고 식욕부진, 설사 등 흔한 증상에 노심초사하거나 아이와 떨어지면 불안을 느끼기도 합니다. 얼마 전 재입양 문제로 상담실을 찾아온 분은 헛웃음을 지으며 말했습니다.

"아이는 아무렇지 않은데 제가 분리불안인 것 같아요."

이러한 행동 모두 큰 상실에서 회복하는 과정 중에 일어나는 반응입니다. 수반되는 불안, 두려움, 슬픔, 자신에 대한 불신은 자연스러운 정서입니다.

사별 후 재입양한 분들을 위한 몇 가지 팁

모든 반려동물 입양은 기본적으로 입양하는 사람의 환경, 성향, 경험을 신중히 고려해야 합니다. 재입양의 경우에는 더욱 까다롭고 복잡한 과정으로 느껴지곤 합니다. 반려동물과 사별 후 재입양한 분들을 위한 팁을 전합니다.

1. 환영하기

새로운 아이를 맞이했다는 것은 반려인에게도 적응 기간이 필요하다는 뜻입니다. 상실을 겪은 사람은 서서히 회복의 단계를 거치면서 새로 맺은 관계를 보다 건강하게 가꾸어나갈 수 있습니다. 무지개다리 너머 아이와 새롭게 내 삶에 맞이한 아이가 전혀 다른 존재라는 걸 인정하세요. 이 말은 간신히 잠재운 분노를 불러일으킬지도 모릅니다. 내가 둘도 없이 사랑한 존재는 그 무엇으로도 대신할 수 없습니다. 그림자 좇기에 머무르게 되면 행복과 멀어지게 됩니다.

앞에 있는 아이를 바라보세요. 지금 여기에 찾아온 기회를 잡을 수 있기를 바랍니다. 두 존재를 각각 인정하고 분리해서 집중합니다. 내 삶에 나타난 또 다른 놀라운 존재를 진심으로 기뻐하고 환영하세요.

2. 의식 만들기

무지개다리 너머 아이에 대한 미안함, 새로운 아이에 대한 불안, 혼란스러움의 정리를 돕는 방법이 있습니다. 재입양을 하면 일상은 이전보다 분주해집니다. 새로 입양한 아이와 지내는 일상생활과는 별도로 시간, 공간, 의식(ritual)을 만들어봅니다. 특별히 이별한 반려동물만을 위한다는 점이 중요합니다. 새 반려동물을 돌보는 일과 분리하여 확보하고, 생활에서 별개로 지키고 유지하며 실천하시기를 권장합니다.

시간 및 공간

평소 업무와 일과, 그리고 새 반려동물을 돌보다 보면 시간은 금방 지나갑니다. 하루에 한 번 또는 일주일에 한 번처럼 정해진 요일 및 시간을 정해두세요. 그 시간은 일상을 멈추고 온전히 사랑하는 아이만을 위해 씁니다. 무지개다리 너머 아이를 떠올리고, 기억하고, 말을 건네는 시간을 가져보세요.

더불어 집 안 특정 위치에 특별한 공간을 마련합니다. 꾸준히 가꾸어나가는 것도 좋습니다. 유골함 자리, 사진으로 꾸민 벽면, 아이가 유달리 좋아하던 장소, 사용하던 물건이 놓인 곳이 대표적입니다.

의식

아이만을 위한 의식적인 절차를 뜻합니다. 특정 시간과 공간을 요합니다. 유골함을 쓰다듬기, 말 걸기, 밥이나 물 담기, 사진이나 물건 보기, 글쓰기, 기도하기, 함께했던 장소를 찾아가 머무르기 등이 있습니다. 새로운 반려동물이 오기 전까지 했던 일일 수도 있습니다. 떠난 아이에 대한 슬픔과 애도를 지속해도 됩니다. 이는 새로운 반려동물을 환영하는 것과 구분되는 일입니다. 마음을 한쪽으로 빼앗기는 것처럼 느껴질 수도 있지만, **사랑이란 쪼개지고 줄어드는 것이 아닙니다. 한 아이, 한 아이를 향한 애정은 제각기 고유하며 사랑은 더욱더 크고 넓어집니다.**

3. 연결하기

이별할 수밖에 없던 아이, 그리고 새로이 받아들이고 있는 아이 모두 소중한 아이일 것입니다. 모두가 한 가족이며, 가족은 물리적인 거리를 초월해 서로의 곁을 지키기도 합니다. 두 아이를 상호 소개하고 연결할 수 있습니다. 새로운 아이에게 그간 곁에 있어온 아이가 누구인지, 함께한 시간 동안 어떠했는지, 무슨 추억이 있는지 들려주세요. 물건 또는 사진을 곁들여도 좋습니다. 무지개다리 너머 아이에게도 새로운 식구에 대해 알려주고, 요즘 둘째와 지내기 위해 무엇을 노력하는지, 둘을 만난 것이 내 삶에 어떤 의미인지 이야기해주세요.

"네가 아니었더라면 이렇게 둘째를 데려오고 돌볼 생각은 하지 못했을 거야. 둘째에게도 네 덕분에 만날 수 있게 되었다고 이야기했어. 고마워, 널 잊지 않을 거야. 넌 언제나 내 중심에 있어."

무지개다리 너머 아이의 자리를 그대로 남겨두고 아이들을 연결하는 것은 모두에게 중요한 의미가 됩니다. 우리는 지난 경험을 통해 현재 주어진 것을 누릴 수 있습니다. 우리가 지닌 사랑이 둘 사이를 연결하고 오갈 수 있게 할 것입니다.

상실감과 함께 살기

사별은 삶에 임하는 자세가 바뀔 만큼 강력하고, 만남과 이별, 사랑에 대한 지혜를 남깁니다. 반려동물이 죽고 실의에 빠졌던 반려인들은 '지금 이 순간'이란 의미와 소중함을 이해합니다. 혼란이 잦아듦에 따라 새로 맞이한 반려동물에게 한층 현명한 돌봄 능력을 발휘합니다. 재입양에 대한 자신감이 흔들렸던 이윤정 님은 두 반려동물을 분리하는 개념을 금세 익혔습니다.

상담 주제는 외적인 상황에서 내면에서 일어나는 움직임으로 옮겨갔습니다. 이윤정 님은 자신의 상태를 자각해 그것을 '괜찮지 않음'이라고 칭했습니다. 여기엔 천국에 있는 별이를 향한 그리움과 새

식구로 맞이한 코코에게 잘 해내려는 의지가 얽혀 있었습니다. 괜찮지 않다고 자칭하는 본인 상태를 부정적으로 여기지 않는 것이 중요했습니다. 자신을 수용하는 폭이 넓어지면 현재에 뿌리내리기 수월해집니다. 나아가 재입양을 안착시키는 환경이 됩니다. 반려동물이 우리를 있는 그대로 받아들인 것처럼 우리도 있는 그대로 자신을 받아들일 수 있겠지요.

질문과 탐색, 별이와의 결속 확인, 감정 표현과 해소를 도우며 애도 작업을 해나갔습니다. 마무리 단계에서는 하늘에 있는 별이를 '만나는' 드라마치료 기법을 사용했습니다. 이윤정 님의 유전자를 물려받은 듯 똑 닮은 별이가 등장했습니다.

"넌 강아지지만 내가 낳았어."

말하는 목소리에 각별함이 실렸습니다. 곧이어 아이가 하늘을 신나게 달리고 있는 광경에선 제 가슴도 뭉클해졌습니다. 이윤정 님은 별이와 자신의 이미지를 나란히 두고 물끄러미 바라보았습니다.

"처음엔 아이에 대한 사랑이 되게 벅차고 복잡했어요. 지금도 똑같은 크기의 사랑인데 말이에요. 지금은 한결 편안해요."

별이와 코코네 가족이 단단하게 거듭나고 있었습니다.

별이에게 보내는 편지

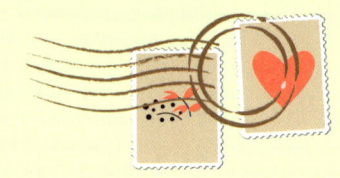

꽃이 피는 봄이 왔어.

우리 별이도 알고 있겠지.

네가 그곳으로 간 지 이제 6개월이 다 되어가는구나.

그 시간을 엄마와 아빠가 어떻게 지나왔을까.

네가 주고 간 아직도 계속되는 사랑을 기억하며

그렇게 버텨온 거겠지.

너무너무 사랑하는 우리 별이.

코코는 점점 너를 닮아가.

신기하게 아빠 엄마가 그걸 같이 느끼고 있단다.

그만큼 너에 대한 사랑이 늘 가슴에, 눈에 담겨 있단다.

아직 코코는 너무 애기라 계속 지켜봐줘야 해.

우리 별이는 엄마가 믿고 의지했는데, 코코는 아직 멀었어.

그래도 하루하루 자라는 코코를 보면서

우리 별이도 애기 때 저랬겠구나 생각해.

매일매일 보고 싶은 우리 별이.

우리가 다시 만나는 날 정말 기쁘겠지?

엄마는 그 생각을 하면서 그리움을 달래곤 해.

엄마가 꿈에서 별이를 안고 있는데 너무 좋더라.

꿈에 와줘서 정말 고마워!

늘 그곳에서 잘 뛰고 잘 지내는 건 알지만.

별이야, 우리 별이. 엄마 아빠가 정말 사랑해.

우린 서로 많이 사랑해.

이제 너를 생각하면 눈물보다 웃는 시간이 조금씩 늘고 있어.

엄마에게 그런 힘을 줘서 너무 고마워, 아가야.

우린 언제나 함께야, 지금도!

사랑해, 별아.

기록 3
칸, 나의 고양이를 행복하게
아픈 반려동물과 마지막까지의 약속

이름: **칸**(코리안 쇼트헤어, 암컷, 1살)

애칭: **칸쨩**

#길고양이 #희귀병 #시한부 #모세혈관 저형성증 #호스피스
#책임감 #가족애의 회복 #병원비 #빚 #우울증 #죽음의 무게
#죽음의 의미 #삶의 의미 #삶의 동력
#염원을 담은 반려동물 문신 #고통에서 벗어나기
#자기 자신을 돌보기

이마에 닭 볏 같은 모히칸 무늬가 강렬했던

삼색 고양이 '칸'.

정말 사랑해. 같이 살아와서 즐거웠어.

마지막일 수도 있으니까 인사할게.

너랑 지냈던 순간들이 매우 행복했다는 걸 깨달았어.

부디, 내 사랑이 닿아서 깨어났으면 좋겠어.

김지연 님은 유년 시절부터 고양이에게
남다른 의미를 두고 언젠가 고양이와 살 것을 소망으로
품고 살아오던 중 운명처럼 칸을 만나게 되었습니다.
그러나 어린 고양이를 데려온 지 두 달 만에
불치병 판정을 받아 칸을 떠나보내게 됩니다.
모든 힘을 다해 칸의 배웅까지 완수한 김지연 님은
삶의 방향을 잃게 되었습니다.

고양이, 나의 고양이

내게 고양이는 특별했다. 고양이 용품을 수집하며 고양이가 그려진 옷을 입었고, 고양이에게 예술적인 영감을 받아서 미대에 다닐 때도 모든 작품에 고양이를 그리곤 했다. 주위에서 "김지연, 하면 고양이 마니아지!" 하고 말할 정도였다. 나의 큰 열망은 언젠가 고양이와 함께 행복한 삶을 살아가는 것이었다. 그건 동물을 평생 책임져야 하는 일이기에 당장 들이려는 생각은 없었다. 하지만 직장 상사의 어머님 댁 마당에 들어와 산다는 고양이 사진을 보는 순간, 입양을 결심해버렸다.

"약해서 어미가 버린 애 같아. 작은 애가 당차고 깡도 세. 서열 1위 큰 고양이도 무찌르고 밥 먹고. 날씨가 추워져서 그런지 요즘 자꾸 집 안으로 들어오려고 한대."

"제가 그 아이 데려갈게요."

모히칸이었다! 사진 속 고양이의 이마 중앙에 그려진 검은 줄무늬가 닭 볏처럼 선명했는데, 그 모습을 보자마자 한눈에 사랑에 빠지고 말았다. 삼색 고양이들은 털 무늬가 모두 제각각이지만 이렇게 개성 있는 무늬는 천 마리 중 한 마리도 없었다. 당찬 고양이의 그 강렬한 모히칸 무늬는 내가 좋아하는 펑크, 록 스타일과 딱 맞았다.

고양이를 만나러 가기 전 이름부터 지었다. '모히칸'에서 따온 '칸'. 칸은 왕을 일컫는 호칭이기도 하다. 여자아이에게 강력하고 파워풀한 이름을 붙인 것이 자랑스러웠다.

부푼 마음으로 데리러 간 고양이는 손바닥만 했다. 5개월쯤 됐다는 작은 고양이가 먹성은 어찌나 좋은지 상사의 어머님이 내어주신 케이크에도 마구 달려들었다. 삐약삐약 울어대는 모습이 정말 귀엽고 사랑스러웠다. 고양이 칸을 담요에 싸 안고 집으로 돌아왔다. 나의 꿈이 실현된 가을날이었다.

길에서 태어난 칸은 활발했지만 병이 많았다. 작은 몸은 피부병에 여기저기 벗겨져 볼품없었고, 콧물과 기침을 달고 살았다. 출근길에 좋다는 약을 찾아 검색하고, 점심시간에 주문하고, 퇴근해 약을 발라주고, 주말이면 병원에 데려가는 생활이 시작됐다. 반려동물과 교감을 나누기보다는 매일 당혹스러움에 쩔쩔매는 초보 집사였다. 그렇지만 이 아이를 최고로 행복하게 해줘야겠다는 신념이 있었다. **나의 고양이를 세상 누구보다도 행복하게 해주고 싶었다.** 모든 걸 다 쏟아부을 마음의 준비가 되어 있었다. 나는 별로 행복하지 못했지만 길에서 고생을 많이 한 칸은 행복하게 만들어주고 싶었다.

칸은 무엇에도 개의치 않고 발랄한 에너지를 뿜는 고양이었다. 스트리트 출신 고양이답게 자극적인 맛을 좋아해서 내가 맵고 짠 음식을 먹고 온 날이면 킁킁거리며 내 입술을 핥았다. 밥을 줄 때만 뒹굴며 배를 보여주었고, 원하는 걸 얻고 나서는 '잘 놀았다!' 하고 가버리기 일쑤였다. 단순하고 무심하고 구김 없었다. 처음 보는 사람에게도 덥석 안겼고, 실컷 놀다가도 잠은 꼭 자기 집으로 돌아가 잤다. 매일 내 방 발코니 창가에 누워 느긋하게 햇볕을 쬐는 모습이 늠름했다.

내일 죽을 수도 있어

12월 말, 이상 징후가 나타났다. 칸의 눈, 귀, 혀가 샛노랬다. 간 수치가 정상보다 예닐곱 배나 높았는데, 병원에서도 원인을 알 수 없었다. 할 수 있는 모든 방법을 동원해 칸의 상태를 회복시키려 애썼다. 여러 사례를 찾아보며 좋은 사료와 약, 해외 직구 영양제를 먹였다. 매번 검사할 때마다 시험을 치르는 것처럼 떨렸다. 병원비는 급속도로 늘어났고, 난생처음 신용카드를 만들어 할부 결제를 했다. 주위에서 도움도 많이 받았다.

노력이 무색하게도 간 수치는 열 배 이상 치솟았다. 전 세계적으로 희귀한 경우라고 했다. 남은 방법은 채취한 간 조직을 미국 연구소에 보내서 맞는 치료법을 찾아보는 것이었다. 하지만 수술에 필요한 칸의 체중이 200그램 부족했다. 일생일대의 고민이었다. 수술을 시도했다가 마취에서 깨어나지 못해 하루아침에 칸을 잃을 수도 있었다. 의사 선생님, 가족, 직장 상사, 고양이 키우는 친구들, 고양이 카페 등 모든 이와 상의한 후 내린 결정은 '해보자'였다.

수술 전날의 기억이 또렷하다. 칸이 수술 중 죽을 수도 있었다. 칸이 잠들 때까지 함께 놀아주며 시간을 보냈다. 잠든 칸에게 제발 내일 마취에서 깨어나 다시 보자고 속삭였다. 여태까지 '얘가 왜 이렇게 아프지? 왜 이렇게 아픈 고양이가 나에게 왔을까?' 이런 생각에만 사로잡혀 있었는데, **이 고양이가 내 자식 같다는 걸, 정말로 소중하다는 걸 그제서야 느꼈다.** 이 작은 생명이 내일을 맞이하지 못할지도 모른다는 생각이 들었다.

조용한 밤, 가족 모두가 칸에게 말했다.

"정말 사랑해. 같이 살아와서 즐거웠어. 마지막일 수도 있으니까

인사할게. 너랑 지냈던 순간들이 매우 행복했다는 걸 깨달았어. 부디, 내 사랑이 닿아서 깨어났으면 좋겠어."

"내일 다시 보자, 꼭."

다음 날 이른 시간에 시작된 수술은 끝날 기미가 보이질 않았다. 기다리는 시간이 초조했다. 왜 해가 넘어가도록 소식이 없을까. 드디어 칸이 마취에서 깨어났다는 연락이 왔다. 간세포도 잘 채취하고 수술이 순조로웠다는 말에 가슴이 뛰었다. 회복실로 달려가 아이를 보니 실실 웃음이 났다. 깨어난 칸은 패악질을 부리고 있었다. 붕대를 다 풀어 헤치고 링거 줄까지 뽑으려고 했다. 다시 붕대를 묶으려 하니 칸은 또 힘차게 저항했다.

칸의 모습과 다르게 의사 선생님의 표정이 어두웠다. 칸이 살아갈 시간이 아주 짧을 것이라는 말을 전해들었다. '모세혈관 저형성증'이란 병명을 그때 처음 알게 됐다. 쉽게 말하면 담관에 염증이 생기는 간 담관염으로, 뇌증인 PSS(간문맥단락증)라는 병도 진행된다. 칸에게는 후천적으로 발생해 치료 방법이 없고, 진행되면 멍하니 침 흘리며 배회하고 한자리를 빙빙 맴돌며 점점 멘탈이 사라져 지켜보기 힘들 거라는 말을 들었다. 암담했다.

퇴원해 집에 돌아온 칸은 팔팔했다. 언제나 그렇듯 밝고 활력 넘치게 뛰어다녔다. 그게 위로가 됐다. 행복은 그때부터 시작됐다.

내 소원은 칸이 여름을 나는 것이었다. 3월, 4월, 5월……. 무탈하게 잘 넘어갔다. 수치가 높아도 아이는 너무나 발랄했다. 실제로 한창 놀 나이였다.

그리고 6월, 칸이 태어난 지 1년이 되었다. 이때까지 살아준 게 대견스러웠다. 칸의 첫 생일을 기념하기 위해 파티를 열기로 했다. 재봉으로 생일 원피스를 만들고, 고양이가 먹을 수 있는 닭가슴살 케이크를 준비했다. 케이크 위에 초를 꽂고 불을 켰다. 엄마 아빠의 얼굴도 환했다. 우리 모두 칸의 첫 돌잔치를 기뻐했다. 이 소중한 순간의 사진을 SNS에 올리니 많은 사람이 좋아하고 축하해주었다. 정말로, 진짜 진짜 행복했다.

칸은 마냥 쾌활했다. 마치 아무런 문제가 없는 듯, 아픈 것 따위 개의치 않는 듯했다. 증상이 악화되기 전까지 뛰노는 걸 즐기는 장난꾸러기였다.

작별의 시간으로

여름이 되자 담관염 말기로 접어들었다. 항상 발랄했던 칸이 홀린 듯 멍한 눈으로 돌아다녔고 침을 흘리고 발작을 했다. 대출을 받아 입원을 시켰지만 별 차도가 없었다. 병원에서는 퇴원시켜 집에서 마지막 시간을 보낼 것을 권유했다.

퇴원 후 칸의 상태는 빠르게 나빠졌다. 수시로 발작과 복수가 차오르는 응급 상황에 2주에서 1주일마다, 1주일에서 3일마다 병원에 달려가는 날이 잦아졌다. 병원비가 산더미처럼 불어났다. 이미 진 빚을 갚기도 벅찬 마당에 나가야 할 돈은 기하급수적으로 늘어나고 있었다.

칸은 이제 높은 곳을 오르내리는 것조차 어려워했다. 그렇게 먹성 좋던 아이가 밥도 잘 먹지 않았다. 강제 급여를 시작하니 그야말로 전쟁이었다. 회사에서 일하는 동안 엄마가 칸을 전담하느라 고생했다.

가족들이 지쳐갈 즈음 칸도 외형적으로 보기 힘들 만큼 나빠졌다. 자아가 완전히 사라진 것 같았다. 신경이 마비되어 다리를 절고 계속 빙빙 돌았다. 언제 어디서 크게 다칠지 모르는 일이었다. 매일 지내온 집인데 위험 요소가 너무 많았다. 또, 변을 가리지 못해 자주 씻겨주어야 했다. 눈도 제대로 뜨지 못하는 칸이 조금이라도 편할 수 있도록 눕히고 이불을 덮어주었다.

부모님이 칸을 병원에 데려갔다. 의사 선생님과 마지막 인사를 나누기 위해서였다. 선생님은 칸 얼굴을 보게 해줘서 참 고맙다고 하셨다.

깊은 새벽 잠결에 컥, 컥, 토하는 소리가 들렸다. 엄마가 나를 깨웠다.

"칸이 이상해."

10월 26일 새벽이었다. 칸의 몸이 싸늘히 식어가고 있었다. 드디어 끝났구나. 이루 말할 수 없는 심정이었다. 칸을 키운 11개월 동안 **매일매일 작별 인사를 하고 결심했다.** 언제 작별해도 이상하지 않았다. 아이 몸에서 기생충들이 빠져나오고 있었다. 충격적이었다. 칸의 그 아픈 몸에 기생하고 있었다니 칸이 얼마나 괴롭고 힘들었을까.

"드디어 편해진 거야. 나쁜 것들이 빠져나가 칸이 온전한 육신으로 가는 거니까 기쁜 일이야. 너무 속상하게만 생각하지 말자."

엄마의 말이 그나마 위로가 되었다.

회사에 장례를 치르느라 출근하지 못한다고 연락했다. 아픈 동물과 사는 내 사정을 알고 있었기에 가능한 일이었다. 친한 친구들, 직장 상사, SNS 친구들에게 칸의 부고 소식을 알렸다. 아주 침착하게 모든 일을 진행했다. **칸의 작별 인사를 모두에게 제대로 하고 싶었다.** 수의를 챙겨 부모님과 장례식장으로 출발했다. 어느덧 비가 내리고 있었다.

작은 관에 누워 있는 칸을 보았다. 가는 모습이 너무 편안해 보였다. 예쁘게 감긴 눈이 잠자는 듯했다. 칸은 내가 만든 수의 원피스, 발싸개, 모자를 쓰고 있었다. 몇 달 전 재봉틀로 수의를 만들어놓았다. 수의를 마련해두면 오래 산다는 말을 듣고 시작한 것이었다. 한 땀 한 땀 칸이 건강하게 살아주었으면 좋겠다는 마음으로 꽃들을 수놓았다.

꽃 수의를 입은 칸이 하늘나라 고양이 별에서 뛰어다니면 모두가 부러워하겠다고 엄마가 말했다. 장례는 평화롭게 치렀다. 화목한 분위기에서 가족이 다 같이 기릴 수 있어 좋았다. '칸이 언니가 너무 힘든 걸 알아서 갔나 보다', '더 아프기 전에 떠나서 기특하다'와 같은 이야기를 나누었다. 엄마가 굉장히 많이 울었지만 이상하게 나는 눈물이 별로 나오지 않았다. 슬픈 감정보다는 아이의 생을 제대로 마무리할 수 있어 다행이라는 안도감이 컸다.

칸은 예쁜 하늘색 스톤(화장한 유골을 가공하여 단단한 구슬 형태로 만든 것)으로 돌아왔다. 가벼웠던 칸은 스톤 개수도 몇 알 안 되어 작은 한 줌 정도였다. 스톤이 된 칸을 안고 집으로 돌아왔다. 비가 그치고 하늘이 개었다. 그렇게 의미 있게 보냈다. 모든 것이 충실하게 다 잘됐다. 잘 슬퍼하고, 잘 기리고, 잘 보냈다.

삶의 의미가 끝나다

다음 날부터 칸이 없다는 슬픔에 죽을 것 같았다. 떠나는 칸에게 "나 잘 살게, 칸" 하고 파이팅 넘치게 약속했는데……. 일하다가도 눈물이 흐르는 바람에 회사 대표님과 상담도 했다. "쉬게 해줄 수 있지만 며칠 지난다고 깨끗이 나아지는 게 아닐 텐데 일하면서 견뎌나가면 어떻겠냐"라는 말씀에 동의하고 묵묵히 일했다.

칸을 잃었는데 내게 남겨진 건 1600만 원의 빚뿐이었다. 병원비는 계속 갚아나가야 했다. 일분일초가 힘들어 견딜 수가 없었다. 한없이 후회에 빠졌다. 인생을 계속 지속할 수 없을 정도로 모든 게 엉망진창으로 변했다. 아이가 보고 싶고, 빚은 많고, 일은 잘 안되고, 능력도 부족한 것 같았다. 매일매일 죽고 싶은 생각이 들었다.

칸의 병이 미웠다. 죽음을 기다릴 수밖에 없는 병이라니. 길에서 살았기 때문에 더 나빠진 게 아닐까? 내가 좀 더 일찍 데려왔다면 괜찮지 않았을까? 왜 내 고양이는 이렇게 아팠을까? 어쩔 수 없는 것들이 화가 났다.

멍하니 인터넷 창을 쳐다보는데 고양이 장난감 광고가 떴다. 다른 고양이들은 건강해 보였다.

'내 아이는 오자마자 갔는데 저렇게 잘 지내는구나.'

어떤 반려인과 동물을 봐도 서러웠다. 너무 짧게 살다 간 아이. 짧은 삶 동안 아프지 않은 적 없던 것이 억울했다. 힘들었던 지난 1년이 머릿속에 지나갔다. 출퇴근 시간 왕복 4시간, 집에 돌아와 아이를 볼 수 있는 시간은 고작 두세 시간뿐이었다. 위로해주는 친구들에게 슬픔을 내비치는 것도 부담이었다. 이 온전한 비애를 친구에게 전달

하고 싶지 않았다.

계속 마음속에서 물음표가 떠올랐다. 칸이 왜 이렇게 일찍 떠나야 했는지, 나의 선택이 옳았는지, 그리고 삶의 의미는 무엇인지……. 삶의 의미 같은 아이를 떠나보냈다. 칸이 없어진 세상에서 방향을 잃었다. 어린 시절부터 있던 우울증이 슬며시 고개를 들고 다시 나를 찾아왔다.

죽고 싶다고 처음 생각했던 건 일곱 살 무렵이었다.

"운동하세요, 살 빼세요, 자신을 사랑하세요, 종교를 가지세요."

판에 박힌 말에 무력감을 느꼈던 적이 한두 번이 아니었다. 언제부터인가 고양이가 좋고, 고양이를 보면 안정이 됐다. **칸을 만나서 제일 좋았다. 꿈에 그리던 아이를 데리고 와 삶의 의미를 찾았다. 그런데 그 순간이 너무 짧았다. 앞으로 남은 인생을 무엇으로 채우면서 보내야 할지, 어떻게 의미 있게 살아야 할지 알 수 없었다. 내 삶의 의미가 이미 끝난 것 같았다.**

삼색 고양이의 날

SNS에 바로 1년 전 사진이 떴다. 3월 3일 '삼색 고양이의 날'에 맞춰 열었던 '칸 알현식' 사진이었다. 삼색 고양이 칸과 초대한 친구들이 함께한 웃음 가득한 모습이 눈앞에 펼쳐졌다.

"엄청 재미있었지."

나도 모르게 중얼거렸다. 그즈음 조금씩 안정되고 있었다. 펑펑 울거나 인생이 전부 끝난 것처럼 느껴지는 간격이 길어졌다. 많이 나아졌구나 싶었다. 문득 칸 생각이 나도 괴롭지 않았다. 고양이 별에서 신나게 놀고 있겠지. 그러고 보면 칸은 되게 무심했다.

가족들도 모이면 칸 이야기를 했다.

"칸이 우리 걱정을 하겠어? 하하하."

"맞아, 걘 지금 놀고 있을 거야. 너무 재밌어서 아무것도 모를걸."

쾌활한 칸을 떠올리며 웃어보았다. 괴로움이 마음을 누를 때, 칸이 이런 모습을 원하지 않을 거란 생각에 칸 사진을 보며 마음을 다잡았다.

펫로스 상담은 우왕좌왕하던 내게 지표를 세워줬기에 펫로스 프로그램에도 참석했다. 칸과 있었던 크고 작은 에피소드를 말하니 즐거웠다. 다른 분들의 사연도 들으면서 아이를 사랑하는 마음들이 전해졌다. 가기 전에는 모임에 가져갈 칸 사진을 고르며 슬프기만 했었는데, 서로 사진을 보여주며 나누는 추억은 활력소가 되었다.

'세상에서 나만 제일 괴로운 거 같았는데 나 혼자 슬퍼하지 않는구나. 다음번 모임 때까지 다들 조금은 덜 힘들었으면 좋겠다.'

우린 같은 아픔과 추억을 나눈 진정한 동지였다.

가장 큰 소득은 칸의 입장을 경험해보는 '치유 시간'이었다. 아이가 불행하다는 생각이 들지 않았다. **칸은 충분히 행복했고, 즐거웠고, 누구보다도 잘 살다 갔다는 마음으로 충만해졌다.** 내려놔도 될 것처럼 편안했다. 칸 문제로 자기 비하를 그만해야겠다 다짐했다. 상담 선생님 말씀대로 **날 위한 슬픔에 빠져 있었다.** 나도 모르게 길게 숨을 내뱉었다. **이제 그만 슬픔에서 빠져나와 숨을 좀 쉬어도 될 거 같다.** 너무나 값진 순간이었다.

나를 향한 사랑

예전부터 우리 집에는 풍파가 끊이지 않았다. 하지만 칸이 온 이후로 우리 가족은 싸우지 않으려 노력했다. 동물도 사람들이 싸우면 움츠러들고 무서워한다. 칸은 평화의 상징이 되었다. 칸의 존재는 저절로 행복해지는 마법 같았다. 모두 칸을 바라보면 웃었고, 칸이 움직이면 사진을 찍었다.

"봐봐! 칸이 너무 귀여워!"

아빠도 엄마도 스마트폰 배경 화면이 칸 사진이었다. 다들 매일 칸 걱정을 했고, 입원할 때면 다 같이 울었다.

아픈 동물에게 많은 돈을 들이고 정성을 쏟는 걸 비난하는 사람도 있겠지만 우리 가족은 칸에게 최선을 다했다. 칸과 보낸 1년 동안 부모님이 무척 많은 걸 해주셨다. 엄마는 내가 회사에 있는 내내 칸을 돌봐주셨다. 아빠는 칸이 수술하고 퇴원할 때, 그리고 급히 응급실에 갈 때마다 운전을 해주셨다. 건강검진을 하는 날엔 온 가족이 함께했다. 정말 고맙고 또 고마웠다.

부모님은 정이 많았지만 금전적으로 지원해주기엔 어려운 형편이었다. 부모님은 내가 애지중지하는 아이에게 정말 잘해주고 싶다고, 내가 기뻐하니 소중히 대하고 싶다고 하셨다. 온 가족이 의기투합해 칸에게 최선을 다하는 게 참 좋았다. 진정한 가족 같았다. 이전까지는 부모님이 날 아낀다는 말이 와닿지 않았지만, 칸을 키우며 비로소 부모님의 사랑과 헌신을 체감했다.

와, 부모님이 날 위해주시는구나. 이렇게 사랑받는구나. 내가 소중하구나.

칸과 보낸 시간은 내 생에서 가장 빛나는 순간이었다. 괴로웠지만 행복했다. 칸과 나눈 교감은 아주 뜻깊었다.

칸과 함께 병원에 다니며 독립적인 성격인 칸이 날 믿고 따른다는 걸 깨닫게 되었다. 의사가 나타나면 나에게 숨고, 병원에 면회를 갈 때면 냥냥 소리를 내며 반겼다. 칸의 눈빛에서 **신뢰감을 느낄 수 있었다. 고맙고 감동적이었다. 그렇게 함께한 시간은 내게 자부심이**

되었다. 조금 성장하고 성숙해진 것 같다. 내가 나의 노력과 책임을 인정하게 되었다.

칸을 제일 행복하게, 그리고 끝까지 책임지겠다는 신념을 지켜냈다는 것이 스스로 대단하게 느껴졌다. 어떻게 회사 일도 하고 칸을 간호했는지……. 칸이 언제 죽을지 모르는 상황에서 빚을 떠안고 매일 병세에 따라 일희일비하면서도 멘탈을 지켜나갔던 내가 참 대견하다.

함께, 삶은 계속된다

칸을 만나고, 아니, 칸과 작별한 이후 인생의 2막을 맞이한 것 같다. 좀더 죽음이라는 무게와 의미에 진지해졌다. 죽으면 안 된다는 책임감마저 든다. 죽겠다는 생각마저도 조심한다. 평소 입버릇처럼 죽고 싶다는 말을 많이 했다. **정말 소중한 존재의 죽음을 겪고 나니 죽음은 함부로 말할 수 있는 게 아니라는 걸 깨달았다.** 그리고 떠나고 난 뒤에 남은 이들의 몫도 생각해야 한다는 걸 이해하게 되었다.

내 오른팔에는 칸이 새겨져 있다. 칸이 위험한 수술을 앞두고 있을 때 문신을 하기로 결정했다. 부적과 같은 의미였다. 이 문신에는 '칸, 맨드라미, 은방울꽃' 그림이 어우러져 있다. 내 새끼 칸이 오래 살았으면, 건강했으면 하는 염원을 담아 문신 도안을 디자인했다. 맨드라미의 꽃말은 건강과 장수다. 예로부터 민화에서 장수의 상징으로 그려졌다고 한다. 칸과 내가 태어난 6월의 탄생화 은방울꽃도 넣었다. 내 오른팔을 바라본다. 몸에서 가장 잘 보이는 곳이다. 칸은 언제나 이렇게 계속 함께 있다.

지금도 병원 빚은 갚는 중이다. **반려동물을 키운다는 건 엄청난 각오와 책임이 따르지만, 그 과정에서 얻는 사랑과 행복이 무엇보다 값지다.**

정말로 절박했었고, '왜 이런 일이 일어나는 거지' 생각하며 절망했었다. 이런 내 경험이 다른 사람들에게 도움이 되었으면 좋겠다. 알려지지 않은 병을 앓는 아이를 돌보는 사람들, 아픈 아이를 포기하지 않는 사람들에게 힘이 되고 싶다. 그런 분들에게 닿을 수 있게 칸 이야기를 그려보려고 한다. 뜻대로만 되진 않을 것이고 정말 힘들겠지만, 힘들더라도 반려동물과 함께한 우리가 행복하다는 걸 말하고 싶다.

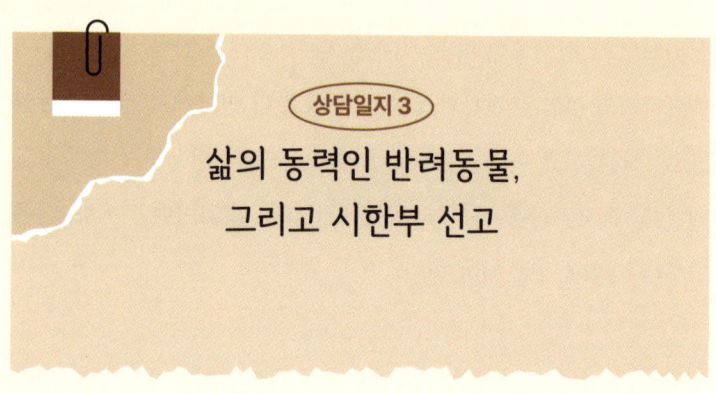

상담일지 3
삶의 동력인 반려동물, 그리고 시한부 선고

고양이 '칸'을 보내고 2주 남짓 되어 상담실을 찾은 김지연 님은 몹시 지쳐 보였습니다. 두 눈이 퀭했고 말을 잇기조차 기력이 부치는 모양이었습니다.

띄엄띄엄 해나가는 이야기는 드라마 같았습니다. 길에서 어린 고양이를 데려온 지 두 달 만에 희귀한 불치병 판정을 받았고, 칸과 함께한 시간은 전부 합쳐봐야 1년도 채 되지 않았기 때문입니다.

김지연 님은 칸의 장례를 치른 다음 날부터 칸의 죽음을 절감하고 온몸으로 슬퍼하며 넋이 나갔습니다. 도저히 회사 업무를 제대로 할 수가 없어 직장 생활을 계속해야 할지 말아야 할지 모르겠다고 했습니다. 나날이 심해지는 병세에 매달려 전력을 다해 간호하고 완주한 끝이 죽음이었으니 그럴 만도 했습니다.

김지연 님이 얼마나 슬프고 분하고 허탈할지 짐작도 가지 않는다고 말했습니다. 이야기를 듣다 보니 다른 이슈도 중첩되어 슬픔과 좌절을 더 가중시키지 않을까 걱정이 됐습니다. 어린 시절부터 삶의 의미를 찾는 것이 어려웠던 김지연 님은 고양이와의 행복한 일상을 가장 크게 열망했습니다. 그런 그에게는 앞날의 희망과 재건이란 더욱더 까마득한 꿈처럼 느껴질 것이었습니다. 폭풍우 같았던 시간을 정리해 나가되 일상생활 유지를 우선으로 삼아야 했습니다. 오랜 시간 해온 자기 질책과 자기혐오의 악순환에 끌려 들어가지 않도록 '회복 중심 대응'이 필요했습니다.

어떤 사람에게 반려동물은 삶의 동력이 됩니다. 김지연 님은 유년 시절부터 '고양이'에 남다른 의미를 두고 언젠가 고양이와 살 것을 소망으로 품고 살아왔습니다. 그리고 첫눈에 반한 고양이, '칸'이 찾아왔습니다. 칸의 시한부 선고는 김지연 님을 절망에 빠트렸습니다.

우리는 칸을 위해 한 일을 돌아보았습니다. 김지연 님은 언제든 작별할 결심을 하면서도 병세가 날로 악화되는 칸을 보살폈고, 안팎으로 고생이 심한 중에도 가족들과 행복하고자 했으며, 온 정성과 힘을 다해 끝까지 그 시간을 지켜냈습니다.

장례를 치르던 날, 틈틈이 자수를 놓고 재봉틀을 돌려 손수 만든 꽃 수의를 칸에게 입히고 칸을 아는 모두에게 칸의 죽음을 알렸습니다. 최선을 다한 일들이 이루 말할 수 없었습니다. 결국 칸을 떠나보냈지만 김지연 님은 끝까지 잘 마무리한 것만큼은 뿌듯해했습니다.

하지만 모든 힘을 다해 칸의 배웅까지 완수한 김지연 님은 갈 길을 잃었습니다. **완화치료·호스피스의 경우, 마지막까지 버티려면 틈틈이 쉬고 자신을 살피는 시간을 가져야 하는데**, 그럴 여유조차 없었기 때문에 이제부터라도 심신을 회복하는 것이 중요하다고 강조했습니다. 김지연 님은 조금씩 조금씩 안정을 찾아갔습니다.

자기 자신을 돌보는 법

사별한 사람의 삶은 계속되고 상실로 인해 닥쳐오는 파도도 바뀝니다. 몇 달이 지나자 병에 대한 원망이 누그러들고, 우울증에 더해진 상실감과 칸을 치료하면서 생긴 빚의 문제가 커졌습니다. 건강한 생활을 해나가려는 의지와 삶을 긍정적으로 바라보겠다는 다짐은 버겁게만 느껴졌습니다.

빚은 근근이 살아가는 사회 초년생에게 무거운 짐이었습니다. 눈덩이처럼 불어났던 병원비와 오랫동안 갚아나가야 하는 대출금에 관해 듣고 있자면, 저에게도 그건 돈의 문제만이 아니라 신념을 지켜낸 것으로 들렸습니다. 병이 깊어가는 반려동물을 두고 결의를 다지는 모습을 상상하면 영화의 한 장면 같았습니다.

'최선을 다할 거야. 칸이 최고로 행복하게 좋은 것을 누릴 수 있게 할 거야.'

김지연 님은 경제적 부담으로 힘들어도 일을 쉴 수 없고 앞으로 살아갈 일이 막막했지만, 반대급부로 간과했던 사실을 발견했습니다. **자신이 소중한 존재를 끝까지 지켰고 강한 책임감을 발휘했다는 걸 깨달은 것입니다.** 평생 자신을 부정적으로 평가해왔기에 이러한 자아상의 변화는 획기적인 성과였습니다. **그 출발이 무엇이었든 간에 누군가를 행복하게 해주리라 다짐하고 실천하는 것은 굉장한 일입니다.** 어려운 상황 속에서도 아이를 위해 최선을 다했다는 만족감이 모든 것의 시작점이 될 수 있었습니다.

김지연 님은 칸에게 했던 것처럼 자기 자신도 돌볼 수 있을 거라는 제 말에 동의했습니다.

"나 자신이 싫었어요. 거울도 안 봐요. 실패할 때, 친구랑 틀어질 때 늘 자신을 탓해요. 내가 못나서 일을 그르쳤다고 자책해요. 충동적으로 살아왔어요. 밤새고, 우울하니까 폭식하고. 최근 들어 스스로를 망치고 있다는 걸 깨달았어요. 칸에게는 그렇게 잘했으면서 말이에요. 내가 그렇게 잘할 수 있다는 거잖아요? 저도 할 줄 안다는 거잖아요. 하하, 진짜 웃음이 나요. 웃겨서요."

김지연 님은 해본 적 없던 '**자기 자신을 돌보는 법**'을 배워야 했습니다. 나 자신을 사랑하고 위하라는 말은 상투적일 만큼 흔하지만 때로는 이처럼 막연하고 어려운 일도 없습니다. 이제부터 우리의 새로운 과제는 자신에게 연민을 갖고 욕구에 귀를 기울여 자신을 돌보기를 개발하는 것이었습니다.

자기 연민으로 만지고 싶은 부분이 어디인지 질문했습니다. '**자기 연민**'은 상실로 살아갈 기운을 잃은 사람들에게 유용한 개념입니다. '신경계 진정, 자기 보호, 자신을 위한 행동하기'까지 도움이 됩니다. 김지연 님은 일상을 여유롭게 만들려고 했습니다. 좋은 풍경 바라보기, 가만히 누워 아무것도 하지 않은 채로 쉬기, 향기 좋은 입욕제를 풀어놓은 욕조에 몸 담그기, 책 읽기······. 스스로 돌보기를 실천하니 감정 조절에 도움이 되는 일을 하기도 덩달아 수월해졌습니다. 또 집단상담 형태의 프로그램에 참여해 상실감으로 연결되는 사람들을 만나 힘을 얻었습니다. **소중한 아이를 떠나보낸 사람들과 모여 고통을 포개니 큰 위로가 되었습니다.**

후반에 효과가 큰 '역할 바꾸기 기법(role reversal)'을 적용했습니다. 그로 인해 칸의 생이 새로운 의미로 다가왔습니다. 칸의 입장이 되어보고 아이가 행복하게 잘 살다 갔다는 마음이 충분해졌다고 말하는 김지연 님의 얼굴이 편안했습니다.

회복력과 힘 살리기

처음 상담을 시작했을 때 '칸'을 연약한 고양이로 생각했는데, 칸은 제 상상과 전혀 다른 고양이였습니다. 밝고 활기찬 에너지로 주변을 누비며 원하는 것을 즉시 행동으로 옮기고 자신의 의지를 거침없이 보여주는 고양이였습니다.

칸은 김지연 님의 주변 모두에게도 인기 많은 스타였습니다. 칸은 가족들에게 행복의 물결로 다가왔습니다. 오래 묵혀둔 긴장감은 풀렸고 가족애를 회복했습니다. 김지연 님의 강렬한 칸 문신이 그러한 칸과 똑 닮았습니다. 자신이 직접 디자인하여 팔뚝에 새긴 칸을 보여주었는데 그 기백과 위용이 대단했습니다.

김지연 님이 가진 또 다른 좋은 자원은 바로 그림이었습니다. 십 대 시절부터 괴롭고 우울한 순간들도 그림으로 그려내면 해소되었습니다. 새벽 2, 3시까지 쉴 새 없이 그린 그림 연습장을 되짚어 넘겨볼 때면 행복해지고 살아 있다는 걸 느낀다고 했습니다.

"제 그림을 볼 때마다 좋아요. 매력적이에요. 작품 뒤에 있는 나는 볼품없을지라도 제가 표현해내는 예술 작품은 굉장히 멋있다고 생각해요."

힘이 실린 말에 자부심이 묻어났습니다. 상실을 주제로 시작한 치유 작업은 본연의 회복력과 능력을 확장하는 방향으로 진전했습니다. 이는 앞서 해오던 자기 자신과의 관계 문제와도 밀접한 것입니다.

상담 마무리 단계에서 칸을 떠올리는 '시각화 훈련(visualization)'을 했습니다. 칸과 그 옆자리에 자신을 나란히 같이 두어 살피고 돌봐주는 장면을 이미지화했습니다. 자신을 따뜻하게 보듬고, 이곳 현재의 삶과 사랑하는 반려동물을 연결하는 일입니다.

김지연 님은 정보가 없는 병마와 싸우는 이들에게 도움이 될 기록을 준비해나가기 시작했습니다. 특기를 살려 만화로 칸 이야기를 그리려는 계획이었습니다. 이것은 사별의 슬픔을 드러내는 방법인 동시에 또 다른 삶의 이유가 될 것입니다. 아이를 지키는 사람들에게 용기와 힘을 실어줄 작품이 저도 기다려졌습니다.

마지막으로 만난 날, 김지연 님의 말에 따뜻함과 안온함이 묻어났습니다.

"여기 오면서 지하철 창문에 햇빛이 들어오고 그림자가 지나가는 걸 바라봤어요. 창밖으로 보이는 한강도 좋더라고요. 요즘 마실 차를 옆에 두고 음악을 들으며 일기를 쓰는데 그러면 기분이 좋아요.. 오늘도 집에 돌아가서 하려고요."

칸에게 보내는 편지

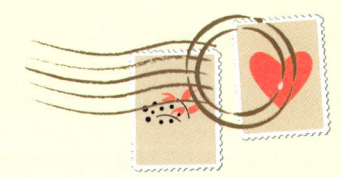

칸쨩~ 안녕!

하늘에서 잘 지내고 있니?

그곳은 더 이상 아프지도 않고 늘 입맛도 좋아서

맛있는 것도 잔뜩 먹고 기운 좋게

재밌게 뛰어놀면서 지내고 있을 거라 믿어.

네가 너무 보고 싶고, 늘 네 생각하고 지내며 힘을 내고 있단다.

너의 쿨 하고 사랑스러웠던 모습들이 떠올라.

늘 독립적이었지만 나를 좋아하고 따르고 있는 걸 알고 있었어.

에너지 넘치고 발랄하고 긍정적이었던 네가

이젠 아프지 않을 거라 생각하니 너무 마음이 놓이고 다행이다 싶어.

많이 사랑해, 하늘에서 잘 지내고!

언니도 밑에서 잘 지내도록 노력할게.

 기록 4

사랑, 내가 살아야 할 이유
나의 목숨을 구해준 진정한 형

이름: **사랑이**(몰티즈, 수컷, 13살)

#가정사 #가난 #자살 시도 #심장병 #폐수종
#자책 #후회 #간접 체험 #반추 #성찰 #깨달음 #가치
#삶의 목적 #펫로스 서클 #안전한 환경에서의 치유
#상실 고통 수용

사랑이에게 난 형이었지만 진정한 형은 '사랑이'였다.
세상에서 힘들 때 내가 살아야 할 이유를 알려주고,
의지할 힘이 되어주고, 상처받을 때마다
진짜 사랑이 무엇인지 가르쳐주었다.
사랑아, 넌 떠날 때가 되어서까지 살아야 할
방향을 알려줬어. 나에게 길이 되어줬어.

어떤 사람들은 반려동물과 깊이 연결되어 아주
힘든 날들을 견뎌냅니다. 주경진 님과 사랑이도
그러했습니다. 중학생 때 사랑이를 만나 삼십 대가
될 때까지 사랑이는 인생의 굽이진 길을 곁에서
함께 지켜보았고, 생사의 교차점에서도 삶의
방향으로 이끌어주는 반려견이자 동생이었습니다.
그러던 사랑이가 심장병으로 떠나자, 여러
죄책감에 괴로워하고 슬퍼했습니다. 남자인
주경진 님에게 깊은 슬픔을 공개적으로 표현하는
것은 더욱더 어렵고 복잡한 문제였습니다.

누나의 강아지가 내 사랑으로

태어난 지 얼마 안 된 몰티즈가 집에 온 것은 2006년이었다. 평소 강아지를 키우고 싶어 했던 누나를 위해 엄마가 근처 동물병원에서 돈을 주고 데려왔다고 했다.

당시 중학교 3학년이었던 나는 별생각 없이 새끼 강아지를 덜컥 받아들였다. 누나는 '사랑이'라고 이름 지었다. 사랑 많이 받으라고 지은 이름이었는데, 썩 마음에 들지는 않았다. 그래서인지 강아지도 나를 그리 좋아하지 않았다. 처음 본 엄마와 누나만 졸졸 따라다니며 꼬리를 흔들었다. 어쩔 때는 누나 옆에 달라붙어서 나에게 짖는 모습이 얄밉기도 했다.

여느 날처럼 학교에 갈 준비를 하던 중 신으려던 양말이 어디론가 사라졌다. 여분의 양말도 없었고 지각할 것 같아 짜증이 났다. 결국 침대 밑에서 사라졌던 양말을 발견했다. 사랑이는 그 후로도 자주 양말을 훔쳐 갔고, 신고 있던 양말도 빼앗아 숨겨놓기도 했다.

하루는 밥상을 차리는 도중에 씻어둔 상추, 깻잎, 고추가 전부 흔적도 없이 사라져버렸다. 30분 정도 지났을까? 사랑이가 완연한 초록색 똥을 쌌다. 믿을 수가 없었다. 강아지가 채소를 다 먹다니!

사랑이는 잠깐이라도 방심하면 식탁 위에 올라와 음식을 훔쳐 먹었다. 아침으로 먹으려고 해둔 계란 프라이를 먹어 치우는 날이면 빈속으로 등교해야 했다.

어느 날 학교에서 돌아오니 대문이 활짝 열려 있었다. 누나는 침대 위에서 사랑이가 없어졌다며 울고 있었다. 반지하라서 비가 많이 오면 집 안에 물이 차올랐는데 집주인 아저씨가 물이 찬 걸 확인한다고 대문을 열어놓은 사이 사랑이가 뛰쳐나간 모양이었다.

"울고 있을 시간에 나가서 빨리 찾아봐야지!"

당장 집 근처 복잡한 연립주택가를 구석구석 뒤지기 시작했다. 큰 도로가 가까이 있어 걱정이었다. 다행히 사랑이는 멀지 않은 건물 2층 계단 모퉁이 쓰레기봉투 옆에서 웅크리고 벌벌 떨고 있었다.

우리 가족은 사랑이를 예뻐했지만 어떻게 개를 키워야 하는지 알지 못했다. 고등학생이었던 누나는 시간이 없었고, 나 역시 내가 원해서 데려온 게 아니라는 생각에 크게 관심을 기울이지 않았다.

어린 시절의 활기찬 사랑이를 제대로 산책시켜주지 못한 것이 지금까지도 미안하다. 집 근처 한강 둔치 광나루 잔디밭에 돗자리를 펴놓고 몇 번 놀았던 것이 전부다. 그땐 산책하는 걸 큰일이라 여겼다. 가볍게 동네를 함께 걸어도 산책인데, 큰 공원이나 한강 같은 곳에 가야 산책이라고 생각했고, 산책 후에는 반드시 목욕을 시켜줘야 하는 줄 알았다.

어려운 집안 사정으로 매년 이사를 다녀야 했다. 고등학교 2학년 때 경기도 성남으로 이사를 갔다. 산꼭대기에 있어 경사가 가파르고 오르기 힘든 집이었다. 서울에 있는 학교를 마치고 집에 돌아오면 저녁 6시가 다 됐다.

하루는 집에 도착하니 집 안에 온통 타는 냄새가 진동했다. 서둘러 가스레인지 앞으로 달려가니 가스 불이 켜진 채로 아침에 엄마가 끓인 된장찌개 냄비가 새카맣게 타고 있었다. 바로 사랑이부터 괜찮은지 살폈다. 다행히 사랑이는 무사했지만 조금씩 불안이 쌓였고, 가족의 무심함에 대한 불만도 커져갔다.

엄마가 청소하다가 무심코 현관문을 열어두면 사랑이는 어김없이 집 밖으로 뛰쳐나갔다.

"혹시 이만한 흰색 강아지 못 보셨어요?"

그 말을 얼마나 많이 했는지 모른다. 학교에서 돌아와 가파른 동네를 오르내리며 사람들에게 사랑이의 행방을 물으며 찾아다녔다. 차라리 사랑이와 둘이 산다면 이런 걱정은 하지 않을 텐데……. 점점 사랑이에 대한 애착이 생겨났다. 사랑이가 누나의 아이란 생각은 어느샌가 사라졌다. 사랑아! 크게 부르며 동네를 찾아다니면서부터였을까. 나도 모르게 점점 사랑이에게 정이 들었다. 갈수록 그 이름도 마음에 들었다. **사랑이 조금씩 쌓여 점점 커져갔다.**

한강 다리 위에 서다

집안 형편은 갈수록 어려워졌다. 처음에 인자하던 집주인은 월세가 밀리자 전혀 다른 사람으로 돌변했다. 곳곳에 드라마에서나 보던 빨간색 압류 딱지가 붙었고, 결국 살던 곳에서 쫓겨나게 되었다. 당시 스물한 살이 된 내게 군 입대 영장이 나왔다. 운 좋게 집에서 출퇴근하는 상근 예비역으로 복무하게 되었지만 그마저도 쉽지 않았다.

전 집주인은 집 문을 부숴서라도 밀린 월세를 받겠다며 압박해왔다. 아르바이트를 해서 조금씩이라도 갚겠다고 사정했지만 통하지 않았다. 그동안 엄마의 건강이 점점 나빠졌다. 자궁에 혹이 생겨 하혈이 멈추지 않았다. 수술해야 했지만 쌀을 살 돈조차 없었다.

상근 예비역 일도 고달팠다. 대부분의 사람들은 저녁 6시면 끝날 일과가 밤 10시까지 이어졌다. 상대하는 예비군 중에는 욕하거나 하대하는 사람들이 많았다. 집에 조금이라도 보탬이 되고자 시작한 아르바이트도 얼마 못 가 그만두었다. 하루 두세 시간 쪽잠을 자며 일하니 도저히 버틸 수가 없었다.

예비군 지휘관에게 시달리고, 빚쟁이들은 매일 찾아오고, 돈은 없고, 엄마는 하루빨리 수술받아야 했다. 절망적이었다. 빠져나갈 구멍이 보이질 않았다. 사랑이를 변변히 케어도 못하고 험악한 분위기 속에 두는 게 그저 미안할 뿐이었다.

다행히 일부 빚을 해결하고 다른 분의 도움을 받아 죽전의 아파트로 이사를 갈 수 있었다. 집 바로 뒤편에 산책로가 있어서 누나와 사랑이와 함께 자주 걸었다. 지금도 그때 찍은 사진을 소중히 간직하고 있다. 집이 고층이라 창문을 열면 선선한 바람이 들어왔다. 가족들이 조금씩 안정을 찾자 사랑이도 편안해 보였다.

해가 바뀌고 우울증이 극심해졌다. 좌절하며 축구를 포기하고 방황하다가 목표를 공부로 바꿨을 때였다. 마음먹은 대로 되는 일은 하나도 없었고, 사람들에게 실망하는 날이 난무했다. 가족이나 친구에게도 기댈 수 없었다. 더 이상 갈 곳이 없었다. 사람들이 왜 삶을 놓아버리는지 이해가 됐다.

모든 걸 뒤로 하고 한강 다리 위에 올라갔다. 다리 위에서 강물

을 한참 내려다보았다.

'여기서 뛰어내려도 안 무섭겠다.'

아래를 내려다보는데 자꾸 사랑이가 떠올랐다.

'날 제일 따르는 사랑이. 내가 없어지면 이제 나이 든 그 아이를 누가 책임질까? 누구도 나만큼 챙겨주진 않겠지.'

힘들 때 사랑이가 와서 날 위로해주던 것도 생각났다. 매일 울면서 엎드려 있을 때 다가와 핥아주고 옆에 엉덩이를 부비대고 곁에 붙어서 눕던 사랑이. **내가 살아야 할 중요한 이유가 딱 하나 남아 있는 느낌이었다.**

"죽는 건 안 되겠구나."

그 이후로 사랑이만 생각하고 살았다. **사랑이가 나에게 어떤 존재인지, 얼마나 소중하고 대단한 아이인지, 그걸 깨닫게 된 건 한강 다리 위에서였다.**

천방지축 사랑스러운 사랑이

사랑이는 욕심이 많고 천방지축으로 극성맞았다. 시베리안 허스키 같은 대형견도 자신의 영역에 들어오면 짖어대고 쫓아냈다. 간식이 있으면 누구든 경계하고, 끌어안으면 버둥거리고, 잠들면 코를 골고 잠꼬대를 했다. 어느덧 노견이 된 사랑이를 위해 큰마음 먹고 산 유모차는 몇 번 쓰지도 못하고 창고에 처박혔다. 유모차에 태울 때마다 괴성을 지르며 탈출했기 때문이다. 만신창이가 되도록 물어뜯고 놀다가 버린 인형이 몇십 개나 됐다. '산책'이란 단어만 들려도 미친 듯이 뛰었고, 목줄을 하면 신이 나 엄청나게 흥분했다.

하지만 심장병이 생기자 좋아하던 산책이 문제가 됐다. 흥분하면 안 되었기 때문이다. 산책을 안 갈 수는 없었기에 사랑이가 다른 곳을 보고 있을 때 잽싸게 안아 밖으로 나가는 방법을 썼다. 그럼 갑자기 바뀐 냄새에 정신이 팔려 그나마 덜 흥분했다. 목줄은 영역 표시를 할 때 슬쩍 채웠다. 미리 목줄을 숨겨놓고 배변 봉투도 옷 주머니에 넣어두었다. 이렇게 만반의 준비를 해도 귀신같이 산책 가려는 걸 알아챘다. 혼자 나가는 척 연기도 해보았지만 눈치 싸움에서 항상 졌다.

사랑이는 점점 성숙해졌다. 사랑이 눈을 보면 무슨 말을 하려는지 대체로 알 수 있었다. **이젠 강아지와 눈으로 대화한다는 것이 무엇인지 안다.** 사랑이가 입원한 방에서 마지막에 날 바라보는 눈빛은 좀 달랐다. 엄마도 비슷한 느낌을 받았다고 했다.

"꼭 어른처럼 날 바라보는 거 같았어. 마냥 어린아이 같았는데……"

나이 든 사랑이는 다리가 붓고 마비 증상이 생겨 12시간마다 약을 먹어야 했다. 심장비대에서 시작해 폐수종이 생겨 입원하고 상태가 호전되는 듯했지만 새벽에 떠났다.

꿈 같았다. 사랑이의 심장이 멈췄는데 내 심장이 콱 떨어지는 것 같았다. 누워 있는 사랑이는 눈을 감지 못했고 여전히 따뜻했다.

여름을 시원하게 보내기 위해 심장병이 있는 사랑이를 미용시킨 일을 자책하고 또 자책했다. 미용한 후부터 온몸에 물이 차올라 3.3킬로그램이던 몸무게가 5킬로그램으로 늘었다. 병원에 가서 물을 빼고는 밤새 숨을 못 쉬는 사랑이를 지켜보는 것조차 고통스러웠다. 잘못된 판단에 사랑이를 보냈다는 생각이 머릿속에 가득 찼다.

'약 먹는 시간을 제대로 지키지 못하고 빠트린 적도 있었잖아. 그 때문에 병이 더 빨리 온 건 아닐까? 병원에 하루 일찍 데려갔더라면? 입원해서 수치가 내려갔다고 방심하지 말걸. 병원 근처에서 잘 걸. 내 얼굴이라도 한 번 더 보여줬다면, 내가 옆에 있었다면 버티지 않았을까? 숨을 쉬지 못하며 떠나갔는데 그 시간에 난 집에서 잠이나 자고 있었다니!'

감당 못할 죄책감이 물밀듯 몰려왔다. 사랑이에게 미안한 일들은 하루 종일 이야기해도 모자랄 것이다.

집에서 공부할 때 사랑이가 달라붙고 코 골면서 자는 소리에 공부가 되지 않아 독서실에서 공부하다가 사랑이를 챙기러 가곤 했었다. 혼자 있으면 공부에만 집중할 수 있을 거라는 생각을 했던 당시의 내가 너무 미웠다. 그동안 해온 공부 모두 필요 없으니 하루만이라도, 단 한 번만이라도 사랑이를 다시 볼 수 있다면 얼마나 좋을까. 생각이 꼬리를 물어 폭발할 것 같았다. 병원에 누워 있던 사랑이 모습이 자꾸 머릿속을 맴돌았다.

떠나기 전날, 사랑이는 입원실 유리창에 앞발을 대고 안아달라고 했다. 안아주고 싶었지만 산소방 문을 열 수 없어서 바라만 보았다. 입원시키고 한 번도 만져주지 못하고 그렇게 떠나보냈다. 지금 돌이켜보면 사랑이는 알고 있었던 것 같다. 가야 할 때가 왔다는걸.

우린 같은 처지였다

인생에서 가장 가까웠던 아이를 먼저 보내고 나니 어떻게 살아가야 할지 알 수 없었다. 교회 건물 위 십자가가 보일 때마다 만약 신이 있다면 길을 인도해달라고 빌었다. 사랑이의 죽음은 가까운 사람들에게도 쉽게 털어놓을 수 없는 고통이었다. 위로의 말을 전해와도 정말로 이해하고 있는지 의문이었고, 말을 꺼냈다가는 더 큰 상처를 받을 것 같았다.

펫로스 서클은 말 그대로 공감받는 자리였다. 나처럼 반려동물을 잃은 다른 사람들이 얼마나 아이를 사랑했는지 느낄 수 있었다. **우린 모두 같은 상처를 공유했다. 서로 알아주고 공감하는 것만**

으로도 힘이 됐다. 제일 친한 친구 앞에서도 절대 운 적이 없는데 처음 만난 사람들 앞에서 흐느껴 울었다. 심지어 그날 남자 참석자는 나 혼자였다. 집에 돌아오니 창피함에 슬픔을 잠시 잊을 정도였다.

2주 후 다시 펫로스 서클에 참석한 날, 몇몇 사람들이 비슷한 말들을 건넸다.

"지난번에 저만 엄청 크게 울지 않았나요? 밤에 이불 차면서 하이킥 했어요. 같이 있던 사람들 얼굴 어떻게 보나 그랬는데, 그래도 다시 왔네요.. 으하하."

같은 고통을 겪는 사람들이 모이니 달랐다. 혼자 있을 때는 사랑이가 병원에 있던 모습만 머릿속에 맴돌았다. 펫로스 서클에서 서로 이야기를 나눌 때면 사랑이의 행복한 모습이 되살아났다. **이야기하다 보면 새로운 기억이 났고 사랑이와 함께했던 순간들이 정리되었다.** 유기견 센터에 다 같이 가자는 제안도 있었다. 혼자보다는 같이 가면 더 좋을 것 같았다.

사랑이가 가고 한 달이 넘도록 하루도 빠짐없이 울었다. 이렇게 우는 건 태어나서 처음이었다. 사랑이와 즐겁게 놀았던 탄천에 혼자 가보았다. 사랑이가 나에게 신나게 뛰어오는 사진을 찍었던 풀밭에 누워서 오열했다. 산책 나온 사람들이 걸음을 멈추고 쳐다보았다.

폐수종 증상이 익사하는 것과 비슷하다기에 일부러 숨을 참아보기도 했고, 고통스럽지 않은 죽음이 있는지 검색해보기도 했다. 사랑이를 내 품에서 보내지 못했다는 생각에 가슴이 답답했다.

어느 날 새벽, 엘리베이터를 탔는데 갑자기 숨이 쉬어지지 않았다. 고통스럽고 두려웠다. 그 순간 사랑이가 생각났다. 숨이 막혀 눈물이 흐르는 채로 점점 의식을 잃으며 두려움과 괴로움이 조금씩 줄어드는 걸 느꼈다. 난생처음 119구급차에 실려 가 응급 처치를 받았다. 그전까지는 사랑이가 세상을 떠났는데 내가 이렇게 건강한 것이 불공평하다고, 차라리 아팠으면 좋겠다고 생각했었다. 하지만 사랑이가 겪었을 고통을 간접적으로 체험한 후 조금씩 마음이 나아졌다.

'떠날 때 괴로움이 생각보다 덜했을 거야. 의식을 잃고 정신이 없으면 고통을 느끼지 못했을 테니까. 사랑이가 힘들었을 수 있지만 내가 상상한 만큼의 고통은 아닐 수도 있어.'

사랑이는 내 생각보다 편하게 갔을 것이다.

나의 '중심', '기둥', '형', 그리고 살아가는 이유

펫로스 드라마치료는 나의 내면으로 향하는 문을 열어주었다. 드라마치료에서 드러난 사랑이는 내게 '중심'이며 '기둥'이고 '형'이었다. 나에게 가장 소중한 존재가 있다. 그 존재는 나를 향해 항상 열려 있는 사랑의 문이었고, 내가 쓰러지지 않게 지탱해주는 '중심'이었다. 눈에 보이지 않아도 그를 느낄 수 있다. 그는 내게 힘을 주어 다시 일어나게 만드는 '기둥'과 같은 존재다. 사랑이에게 난 형이었지만, 진정한 '형'은 사랑이었다. **세상에서 힘들 때 내가 살아야 할 이유를 알려주고, 의지할 힘이 되어주고, 상처받을 때마다 진짜 사랑이 무엇인지 가르쳐주었다.**

사랑아, 넌 떠날 때가 되어서까지 살아야 할 방향을 알려줬어. 나에게 길이 되어줬어.

너와 산책하고 약을 먹이면서 불평했었지. 이제야 알아. 동고동락이 귀찮고 힘든 게 아니라는 걸. 이 모든 일상의 순간이 힘겨운 것이 아니라는 걸. 그것들이 내가 미처 알지 못했던 진짜 행복이라는 걸.

드라마치료를 통해 사랑이가 나의 '중심', '기둥', '형'이었음을 알게 되었다. 나는 그 위에 세워져 있었고, 그 행복한 모습을 보는 것이 나를 다시 행복하게 만들었다. 그 경험으로 더 넓은 시야를 얻었다. 눈에 보이는 것이 전부가 아니며, 이것이 끝이 아님을 확신했다. 그리고 사랑이와 다시 만날 수 있다는 믿음을 갖게 되었다. 그를 위해 좋은 일을 하며 살아갈 것을 다짐한다.

사랑이 사진과 유골이 든 펜던트 목걸이를 항상 지니고 다닌다. 찢긴 나의 영혼은 살아가는 동안 평생 회복해야 할 것이다. 그 아픔을 받아들이려 한다. 아픔은 그대로 가지고 내 인생을 살아가려 한다. 이 아픔이 없어지는 날은 아마도 내가 죽는 날이 아닐까. 그날이 오면 사랑이를 다시 만날 수 있다는 생각으로 살아갈 것이다.

사랑아, 내가 이 세상을 떠날 때가 되면 우리 못다 한 이야기 많이 하자.

사랑이를 다시 만나기 위해 좋은 일을 계속해나갈 것이다. 동물복지뿐만 아니라 사람들을 돕고 나의 능력 범위 안에서 최선을 다하는 것. 사랑이가 나에게 삶의 목적을 심어주었다. 진부한 표현일지라도 사랑이는 내가 '살아가는 이유, 존재하는 이유, 태어난 이유'다. 그는 내 목숨을 구해주었다. 만약, 이것들이 신의 의도라면 '그 아이에게 사랑을 배워라' 그런 게 아닐까.

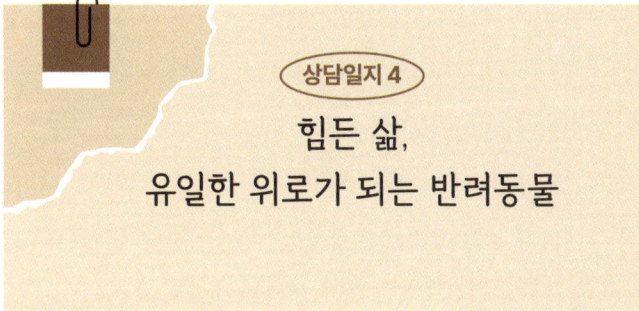

상담일지 4

힘든 삶,
유일한 위로가 되는 반려동물

주경진 님은 중학생 때 몰티즈 '사랑이'와 처음 만나 삼십 대가 될 때까지 13년가량을 같이 살았습니다. 사랑이는 주경진 님 인생의 굽이진 길을 곁에서 지켜보며 함께했고 생사의 교차점에서도 삶의 방향으로 이끌어주었습니다.

한강 다리에 올라서서 세차게 흐르는 강물을 내려다볼 때 누가 떠오를까요? 주경진 님은 사랑이가 있어 그 긴 시련의 세월을 버티고 지탱할 수 있었습니다. 모두가 자고 있는 밤, 울고 있을 때마다 눈물을 핥아주는 사랑이는 유일한 위로가 되어주었습니다.

'괜찮아, 나를 봐. 난 너를 믿어, 언제나 네 곁에 있을게.'

사람들에게 수없이 실망하고 배신당했지만 사랑이 덕분에 세상이 항상 그렇지만은 않다고 느낍니다.

어떤 사람들은 반려동물과 깊이 연결되어 아주 힘든 날들을 견디냅니다. 이런 반려동물을 먼저 떠나보내고 살아간다는 건 사형 선고를 받은 것과 다름없습니다.

'이제 여기서부터는 혼자 가야 한다.'

같이 죽었다가 혼자서 다시 눈을 떴다고 할 만합니다. 이제는 전과 다르게 살아야 합니다.

펫로스 서클을 만나다

주경진 님은 그 막막한 심정을 알 만한 이들을 찾았습니다. **'펫로스 서클'은 같은 아픔을 겪는 사람들끼리 마음을 나누고 힘을 얻는 자리입니다.** 날마다 주제는 달라도 언제나 동물을 아끼고 사랑하는 마음들이 함께합니다.

개인 펫로스 상담에 앞서 대개 그룹 프로그램을 권장합니다. 펫로스 서클에서는 꾸밈없이 있는 그대로, 그리고 원하는 만큼 이야기하고 경청합니다. 두서없이 말하거나 슬픔에 잠겨 눈물을 흘리기도 하고 화가 난 채로 혹은 침묵한 채로 자신의 감정을 표현합니다. **자기표현을 시작하는 것은 치유의 첫걸음이 됩니다.**

첫날 주경진 님은 사랑이의 사진과 리드 줄을 가져와 많은 이야기를 나누었습니다. 그다음 참여한 날에는 지난번 너무 울어서 창피

했다고 말하며 사람들의 진심 어린 공감이 좋아 다시 왔다고 했습니다. 성 역할과 기준이 강력하게 주어진 우리 사회에서 남자인 주경진 님에게 깊은 슬픔을 공개적으로 표현하는 것은 특히나 어렵고 복잡한 문제였을 것입니다.

애도의 핵심 작업 중 하나는 내러티브로, 상실한 대상과의 그 특별하고 깊은 의미를 발견합니다. 펫로스 서클에서 반려동물과 함께했던 기억과 그리움을 이야기하며 감추고 눌렀던 슬픔을 쏟아냅니다. 반려동물의 의미를 잘 모르는 이들 앞에서는 이해받기 어려워 참아야 했던 슬픔입니다. **한 사람에게 반려동물은 단순한 동물이라는 존재를 넘어 다른 사람이 대신할 수 없는 깊고 진한 유대와 친밀감을 선물하는 존재입니다.** 그래서 각자의 반려동물은 특별하고 다양한 의미를 지니고 있습니다. 다른 비슷한 처지의 사람들 앞에서 털어놓고 공감받는 경험은 훨씬 더 깊은 애도가 이루어지게 합니다. 그런 자신의 경험들을 이야기하는 과정에서 반려동물과 보낸 시간이 무엇인지, 어떤 관계였는지, 그리고 그것들이 과연 무슨 의미를 지니는지, 삶에 어떻게 영향을 미치는지 찾아냅니다.

반려동물을 잃은 반려인의 고통스러운 경험은 조각조각의 기억으로 남아서 서로 연결되지 않아 혼란스럽습니다. 그래서 대면하기 두려운 것이 됩니다. 이런 혼돈과 좌절의 기억들을 자신의 목소리로 이야기하는 것은 자신의 그 충격적인 경험을 좀 더 객관적으로 바라보고 이성적으로 생각할 힘을 갖게 합니다. 그리하여 그 상황을 좀 덜 고통스럽게 바라볼 수 있게 되고 거기에서 의미를 찾아 다른 가치를 발견할 힘을 줍니다.

사별은 각자의 경험이지만 동시에 보편적인 것이므로 이런 안전한 그룹 환경에서의 치유 효과는 매우 큽니다. **반려인들은 서로에게 온기가 되고 치유 인자를 주고받습니다. 그리고 우리는 함께 떠나간 아이를 기억합니다.**

드라마치료로 새로운 삶의 첫걸음을 떼다

'드라마치료' 기법은 직관적이고 강력한 도구로 치유 현장에서 자주 활용합니다. 반려동물과 자신을 비유적 또는 상징적 이미지로 나타내게 합니다. 동시에 자유롭고 안전하게 감정 표현을 하도록 합니다. 그러면 깊은 상실감의 상태에서 한 발짝 물러나 거리를 둔 채 자기 자신과 자신의 상황을 조망하게 됩니다. 이때 좀 더 쉽게 감정 정화가 일어나고 새로운 시각을 가지게 됩니다. 이는 상실의 고통을 수용하는 토대가 됩니다.

이런 내러티브 치유 과정에서는 반려동물의 발자취뿐만 아니라 함축적 의미도 드러납니다. 주경진 님은 치료 소품을 이용해 사랑이가 자신에게 어떤 위치를 가지는지 탐색해나갔습니다. 삶의 '중심'이고 '기둥'이자 '형'이었던 사랑이의 이미지가 만들어지자 주경진 님은 울컥했습니다. 그 모습에 그만 콧날이 시큰해졌습니다. 사랑이가 지금의 그를 있게 해주었습니다.

주경진 님은 드라마치료를 하고 나서 "아마 내가 살아 있는 동안 평생 회복해가야 할 것 같다. 받아들이려 한다"라고 말했습니다. 이 치료에서 제가 하고자 하는 것 중 하나가 바로 이런 것입니다. **억지로 고통에서 벗어나려 할 필요가 없고, 그렇게 되지도 않습니다. 우리는 평생 그 고통을 안고 삽니다. 그래도 괜찮다는 사실을 경험하고 이해하는 게 중요합니다.**

전체 치료 과정에서 고통에서 벗어나야 한다는 생각이 또 다른 스트레스가 되지 않도록 주의를 기울입니다. 그래서 고통은 견딜 만한 게 되고, 안고 살아도 괜찮다는 의식은 상실을 겪는 사람에게 큰 변화를 일으켜 새로운 세상을 만나게 합니다. 고통의 심연에 빠져서 꼼짝하지도 못할 때, 그 순간의 한 발자국은 매우 큰 변화입니다. 그리고 그 한 발자국은 다음 발걸음을 떼기 좀 더 쉽게 만들어줍니다.

사랑, 삶의 목적

주경진 님은 이후 개인상담에서 '사랑이와 떨어져 사는 삶'을 살면서 무뎌지기보다 아픔을 계속 가져가고 싶다고 했습니다. 그 말은 사랑이가 비록 눈에 보이지 않지만 앞으로도 사랑이와 함께 살아가고 싶다는 강한 소망이었습니다. 그리고 그토록 사랑하는 사랑이를 잊어버리진 않을까 하는 두려움이기도 했습니다. 상담에서 이제 좀 괜찮아졌다는 분들에게 울음 섞인 목소리를 듣습니다.

"정말로 다 잊힐까 봐, 나마저 잊어버릴까 봐 무서워요."

반려동물과 사별하고서 자연스레 잊어가야지 하는 동시에 생생하게 기억하고 싶은 심리도 있습니다. **괜찮아지는 건 너무나 미안한 일입니다. 아프더라도 붙들고 기억하려고 합니다. 그래도 괜찮습니다. 그렇지 않더라도 역시 괜찮습니다.** 하지만 반려동물에 대한 그리움과 슬픔을 늘 느끼려고 애쓰지 않아도 됩니다. **이제까지 반려동물을 사랑하려 애쓰지 않아도 사랑하게 되었고, 생각하려 애쓰지 않아도 그냥 떠올랐습니다. 우리는 그냥 사랑하게 되었습니다. 반려동물은 언제나 마음속에 있을 것입니다.**

호흡곤란으로 119에 실려 갔던 경험은 주경진 님에게 큰 변화의 계기가 되었습니다. 사랑이의 고통과 유사한 간접경험을 함으로써 그 고통의 크기를 과장하여 상상하고 괴로워했던 마음에서 좀 더 가벼워지게 되었습니다. 그 이후 펫로스 서클에서의 나눔, 드라마치료 등을 통해서 사랑이가 자신에게 준 큰 가르침을 마음속 깊이 새졌습니다. 살면서 무엇이 더 중요한지 의식하고 인생에 더 큰 가치를 두게 되었습니다. 주경진 님은 좋은 일을 계속해나가며 살아가겠다고 삶의 목적을 다졌습니다. 이는 마음속 존재인 사랑이가 알려준 것이며 자신이 적극적으로 깨달은 것입니다. 다시 말해, 주경진 님이 사랑이를 사랑하는 마음을 통해 스스로 발견해낸 성숙의 결과입니다.

주경진 님은 생명에 대한 인식도 바뀌었다는 이야기를 했습니다. 저도 반려묘와 함께하고 나서 길고양이들에게 더욱 민감하고 다정한 시선을 보내게 된 사실을 떠올렸습니다. 주경진 님이 사랑이에게 배운 건 무엇보다 사랑이었으니 당연한 걸지도 모르겠습니다.

사랑이에게 보내는 편지

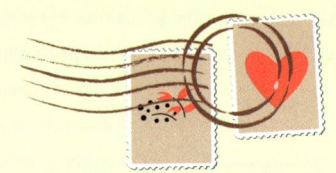

사랑아, 형아야.

세상에서 제일 예쁜 우리 사랑이.

세상에서 제일 소중하고 사랑하는 내 새끼.

형아가 너무 부족한 탓에 너를 이렇게나 빨리 보낸 것 같구나.

지금까지 못해준 거, 미안한 거 생각하면 정말 끝도 없지만

한 가지 확실한 것은 너를 사랑하는 마음만큼은

절대 부족하지 않단다.

우리 사랑이는 이제 무지개다리 너머에서 건강하게

맛난 것도 마음껏 먹으며 신나게 뛰어놀고 있겠지.

우리 함께했던 행복한 기억들만 가지고 잠시만 놀고 있어.

그러다 보면 형아도 언젠가 이쪽 세상을 떠나 그곳으로 갈 거야.

형아가 온다고 하고 약속 안 지킨 적 없지?

꼭 마중 나와줘.

네 덕분에 살 수 있었고 행복이라는 걸 알게 해줘서 고마워.

무지개다리에서 다시 만나는 날 우리 못다한 이야기 실컷 하자.

그땐 절대 너를 먼저 보내지 않을 거야. 영원히 함께 있자.

내 새끼 사랑아. 너무너무 사랑한다.
형아 금방 갈게! 또 보자!

기록 5
짱이야, 너로 인해 내 인생이 빛났다
자책과 후회 사이에서

이름: 짱이(코커스패니얼, 수컷, 16살)

애칭: **임짱이**

#나의 분신 #가치관의 변화 #심장마비 #죄책감 #자책 #후회
#내가 잘했더라면 #세상과 단절 #심리치료 #드라마치료
#후련함과 해방감 #단계적 회복 #부부관계
#사람과 동물의 특수한 관계성 #경험적 믿음
#상실 수용과 회복으로 가는 힘

우리는 충분히 행복했다. 함께 보낸 많은 시간이
정말 행복했다. 그런 시간을 함께해준 짱이에게
고맙다. 다른 강아지가 아니라 짱이여서 좋았다.
지금 이순간 꽤나 편안하다. 앞일에 대한 걱정도 있지만
지난 상담에서 배운 걸 기억하고 더 나아가려 한다.
한번에 완벽하게 나아지는 것이 아니라 이런 편안한
시간을 늘려가는 거라고. 한 달로 치면 열 번, 지금 같은
시간을 가지면 한 달 중에 열흘은 편안할 것이다.
찬찬히 그만큼 늘려가면 된다.

'짱이 마미'라 불리던 임미희 님은 16년간 짱이와
남편과 함께 살면서 참으로 행복했습니다. 그러던
짱이가 심장마비로 떠나자 제대로 된 심폐소생술을
못했다는 죄책감과 상실감에 세상과 단절하게 됩니다.
자식 같은 반려동물을 떠나보낸 후 부부는 서로
버팀목이 되어 견뎌왔지만 고통의 수위가 낮아지자
부부 관계가 수면 위로 떠올랐습니다.

그렇게 가족이 되었다

2002년 4월 둘째 주 금요일, '임짱이'를 처음으로 만났다. 막 태어난 40일 된 코커스패니얼 품종의 강아지였다. 당시 처음 독립해 혼자 살고 있었던 때로, 짱이는 '내가 키우는 예쁜 강아지'였는데 점차 책임감이 생겼다. 짱이 중심으로 생활을 하고 직접 요리한 음식을 먹였다. 그러면서 어떻게 하면 함께 건강하게 오래 살 수 있을까, 하고 연구했다.

처음에는 '짱이 누나'였지만 시간이 흐르면서 자연스럽게 '짱이 엄마'가 되었다.

짱이가 한 살이 될 무렵에 연애를 시작한 남자는 짱이에게 정말 잘해주었다. 처음엔 내게 잘 보이고 싶어 짱이에게 잘했겠지만 나중엔 진짜 정들어 둘의 사이가 좋은 게 느껴졌다.

'이런 남자라면 우리 짱이에게 평생 좋은 아빠가 될 수 있을 거야.'

그렇게 우리는 결혼식을 올렸다. 남편은 자연스레 '짱이 아빠'가 되었다. 우리 부부는 짱이 이름 앞에 쓸 성을 놓고 치열한 쟁탈전을 벌였다. 아빠 성과 엄마 성을 모두 사용하는 사람들처럼 우리의 성을 합쳐 불러보았지만 도통 입에 붙질 않았다. 결국, 남편이 양보해 내 성을 따라 '임짱이'가 되었다. 그렇게 가족이 되어 함께 살면서 짱이의 얼굴도 굉장히 편해진 걸 느꼈다.

웃음을 주는 임짱이

짱이는 골 때리게 웃기는 캐릭터였다. 밥을 달랄 때도 애걸복걸하지 않는다. 사람으로 치면 호통치는 스타일이다. 줄 때까지 밥그릇을 치고 일부러 끝까지 모르는 척하고 있으면 크게 짖었다.

코커스패니얼종 특성상 식탐이 많지만 짱이는 그중에서도 유독 먹는 걸 좋아했다. 세 살 때부터 직접 만든 자연식을 먹였는데도 불구하고 불량 식품을 무척 좋아했다. 산에 가면 누군가 몰래 싸놓은 똥을 찾아 골라 먹기도 했다. 그런 날은 짱이의 엉덩이를 두들기고 집에 가자마자 이를 열 번씩 박박 닦였다.

"좋은 유기농 과일에 유기농 쌀과 무항생제 고기를 먹이는데 도 대체 왜 똥을 먹는 거야?!"

어이없고 속상했지만 임짱이의 식탐은 개인기를 가르치기에 유용했다. 고양이처럼 종을 '땡땡~' 치며 간식을 받아먹는 모습으로 식구들과 친구들을 많이 웃게 했다. 짱이는 즐길 줄 아는 개였다. 자연 속 산책은 물론 차 타고 나들이 가는 것도 즐겼다.

우리 집에서는 짱이가 1순위였다. 남편에게도 나보다 짱이가 먼저였다. 짱이가 췌장염으로 아무것도 먹지 못할 때, 우리도 집에서는 물만 마시고 식사는 나가서 해결했다. 짱이는 우리 생활의 중심이자 제일 우선이었다.

짱이가 아홉 살이 될 때까지 총 네 번의 이사를 했다. 모두 같은 공원을 끼고 주변으로 집을 옮겼는데 짱이에게 더 좋은 환경을 만들어주고 싶어서였다.

첫 번째 집은 새로 지은 건물이란 이유로 반지하였고, 두 번째 이사한 집은 더 넓은 2층 집이었다. 그다음 이사한 집은 남향으로 해가 잘 들어왔다. 점점 집을 보는 눈이 나아지는 걸 느꼈다. 세 번째로 이사한 남향집에서 짱이와 4년을 살았다. 그러다 창문이 크고 보안이 좋은 집으로 이사한 네 번째 집은 전면이 다 창으로 되어 있어 해가 아주 잘 들어왔다. 그 집에서 짱이는 밖을 내다보는 걸 정말 좋아했다. 네 번째 집에서의 생활이 가장 행복했다. 짱이와 나, 둘 다 만족했던 보금자리였다. 지금도 그 집을 생각하면 자꾸 입가에 미소가 스며 나온다.

짱이와 함께 살아가며

이십 대 후반부터 사십 대 중반까지 짱이와 함께한 16년은 삶에 큰 변화를 가져왔다. 짱이가 가족이 되기 전에는 항상 백화점에서 쇼핑했고 정기적으로 미용실을 찾았다. 하지만 짱이가 가족이 된 후로는 꼭 필요한 것들 외에는 거의 사지 않게 되었다. 대신 반려견의 건강과 영양에 대해 더 많이 알아보고 공부하게 되었다. 짱이에게 더 좋은 환경을 제공하고 싶은 마음이 커진 동시에 다른 일에는 관심이 많이 줄어들었다.

가장 큰 변화는 사람들을 대하는 태도였다. 워낙 새침했던 성격이 스스럼없는 성격으로 바뀌었다. 이전에는 공원이나 길에서 누군가와 이야기를 나누는 일이 거의 없었다. 어떤 사람이 말을 걸어도 짧게 대답만 했는데 짱이를 키우면서 산책 중인 다른 강아지를 만나면 먼저 나이나 몸무게를 물어볼 정도가 되었다. 그 결과 '예순한 살 아주머니' 하고도 친구가 되었다. 스물다섯 살 정도 나이 차이가 났지만 식사와 등산도 같이 하곤 했다. 놀랍게도 다른 사람들에게 소개할 때도 '친구'라는 단어를 먼저 거침없이 사용했다. 그렇게 세대와 나이 상관없이 친구가 될 수 있다는 걸 그때 처음 알게 되었다.

유기견 문제에도 관심을 가지기 시작했다. 전에는 유기견이 있다는 사실조차 몰랐는데 보호소에서 유기견을 데려와 임시보호하면서 새로운 가정으로 입양 보내기도 했다. 무서운 사자, 호랑이까지 동물들은 모두 귀엽고 사랑스러웠다. 무심코 죽였던 곤충도 조심스럽게 잡아서 밖으로 보내주게 되었다.

복날이라 불리는 초복, 중복, 말복이 되면 '지금도 어디선가 무참하게 동물이 죽임을 당하고 있겠지?' 하는 생각에 침울해졌다.

동물에 대한 인식이 변하니 환경 문제에도 눈길이 갔다. 환경 파괴와 동물이 멸종하고 살기 힘든 현실을 생각하면서 가슴 아파했다. 생분해 가능한 천연 세제를 골라서 사용하고, 음식물 쓰레기에 묻은 세제도 깨끗하게 헹궈서 버리게 되었다. 힘들더라도 음식물 쓰레기가 아닌 파 뿌리, 양파 껍질, 닭 뼈 등도 분리 배출했다. 배출한 쓰레기를 모두 섞어버려 소용없는 일이란 말도 들었지만 묵묵히 계속했다.

동물과 환경에 대한 공감을 배웠고 그것들을 지키게 되었다. 짱이와 함께 한 16년 동안 참 많이 변했다. 짱이를 키우지 않았다면, 과연 내가 그럴 수 있었을까?

내 잘못으로, 나 때문에

쌀쌀한 기운이 가시지 않은 3월, 짱이가 우리 곁을 떠났다. 심장마비였다. 열여섯 번째 생일을 맞아 여행을 다녀온 지 일주일만이었다. 짱이가 떠난 날부터 밤낮없이 잠만 잤다. 그런 내가 한심하고 이상했다.

'어떻게 이럴 수가 있지. 애가 죽었는데 잠이 와? 잠도 못 자고 괴로워해야 하는 거 아니야?'

잠에서 깨어나면 매시간을 울며 지냈다. 무슨 일을 하든 의욕이 없었고, 짱이가 없는 세상은 무의미했다. **짱이는 우리 부부의 자식이자 분신이었다.** 짱이가 죽도록 보고 싶고 그리워서 견딜 수 없었다. 짱이를 따라가고 싶었다.

"날 못 믿겠어. 죽을 수도 있을 것 같아."

진짜로 죽을 수도 있겠다는 생각에 처음에는 도움도 많이 요청했다.

짱이가 정말로 더 오래 살 줄 알았다. 막연히 더 살기를 바란 게 아니었다. 의사 선생님들과 계속 상담하면서 의학적인 근거를 가지고 구체적으로 건강관리를 하고 있었다. 짱이 건강에 대한 모든 것을 파악해 잘 보살피고 있다고 믿고 있었다. 전혀 생각지도 못한 심장마비라니……. 멀쩡하다가 갑자기 가버린 게 용납되지 않았다. 병에 걸리거나 아팠던 거라면 무엇이든 했을 텐데 아무것도 하지 못하고 보내버리고 말았다.

'머리부터 발끝까지 잘 관리한 줄 알았는데, 허점이 있었구나. 내가 자만했어.'

자신만만했던 내게 너무 화가 났다. 내가 잘 돌보지 못해서, 내 정성이 부족해서 짱이가 제명을 다 하지 못하고 일찍 떠났단 생각에 미칠 것 같았다. 시간을 되돌리고 싶었다.

TV에서 강아지 심폐소생술 하는 방법을 몇 번 보았지만 내가 직접 쓸 일이 있을 줄이야. 지인에게 강아지 나이가 있으니 연습해놓아야 할 거라 들었는데 말로만 알았다 답했다. 수백 번 나 자신을 탓했다.

'내가 심폐소생술 방법을 제대로 배워놨더라면 살릴 수 있었는데!'

세상과의 단절

계절이 세 번 바뀌고 하루하루가 가혹하게 흘러갔다. 남편과 부모님을 제외하고는 어느 누구도 만나지 않았고 연락조차 하지 않았다. 걱정해주는 사람들에게 다시 가까이 다가갈 수 있을지, 아니면 이대로 내가 가둔 세계에 살게 될지 알 수 없었다. 짱이가 떠나고 얼마간 사람들과 잘 연락하고 만나기로 약속도 했었지만 그것들은 '가짜 괜찮음'이었다.

어느 날 세상과 완전히 벽을 쌓았다. 상대방은 당황스러웠을 것이다. 짱이가 가고 처음에는 충격을 받아 연락을 안 하다가 중간에는 괜찮아져서 다시 연락하다가 갑자기 아무 말 없이 연락을 뚝 끊어버렸으니. 연락해준 사람에게 미안한 마음이 들었지만 전화를 받지 않았다.

'나 때문에 기분 상했겠지.'

며칠이고 계속 신경 쓰였지만 그래도 연락하기 싫었다. 하고 싶은 이야기도 없었고, 듣고 싶은 이야기도 없었다. 휴대폰의 메신저 앱까지 삭제했다. 내 마음이 이 정도로 힘들다는 걸 알아줬으면 했다. 한편으로는 영영 연락이 끊어지면 어떡하나 싶은 마음도 있었다. 오래된 친구와 영원히 보고 싶지 않은 건 아니었다. 여러 복잡한 감정이 왔다 갔다 소용돌이쳤다.

펫로스 프로그램에 참여하게 된 계기는 나와 연락이 잘 닿지 않자 걱정한 친구가 직접 신청해서 알려준 덕분이었다. 정보만 전해 줄 수도 있었을 텐데 직접 신청해준 것에 감동받아 용기를 내서 프로그램에 참여했다.

처음 펫로스 프로그램에 참여했을 때는 어떤 이야기를 해야 할지 감이 오지 않았고, 끝나면 집에 돌아오자마자 피곤함에 뻗어버렸다. 어땠는지 물어보는 남편에게 말 시키지 말아달라고 답하고는 저녁을 먹곤 바로 잠들었다. 매일 밤마다 잠을 이루지 못했는데 그날 밤은 코를 골며 깊이 잤던 것 같다. 그런 내 모습이 엄청 힘들어 보였는지 남편은 "다음번에는 가지 않는 게 어때?" 하고 슬쩍 말을 건넸다. 기진맥진했던 기억에 가지 말까 고민했던 게 사실이다. 하지만 **그곳에 가면 꼭 짱이를 만날 것 같은 느낌, 짱이와 약속하고 만나러 가는 느낌이 들었다.**

그곳에서 만난 사람들도 계속 생각이 났다. 내 이야기를 열심히 귀담아 들어주고 내 마음이 어떤지 진심으로 아는 것 같았다. 나 역시 그분들의 이야기를 듣고 그 심정을 이해할 수 있었다.

다음 펫로스 프로그램 날이 다가올수록 짱이를 만나러 가는 듯한 마음에 설레었다. 그래서 그날은 평소보다 화장을 조금 더 하고 머리도 매만졌다.

'구질구질하게 보이지 않도록 깔끔하게 준비해서 가야지.'

펫로스 프로그램에 참여하는 날은 항상 그런 마음가짐으로 기쁘게 집을 나섰다.

거대한 산을 넘어

많은 사람이 짱이가 어떻게 세상을 떠났는지 물었다. 짱이와 나이가 비슷한 아이들의 반려인들이 주로 그랬다. 항상 그때마다 간결하게 답했다. 짱이가 세상을 떠난 후 7개월이 지나 드라마치료 중에 처음으로 모든 이야기를 남김없이 털어놓았다. 그건 마치 나의 죄를 직접 밝히고 고백하는 자리 같았다. 죄책감의 무시무시한 장면들이 내 눈앞에 펼쳐졌다. 그렇게 깊은 곳에 숨겨두었던 것들을 끄집어내 본 적이 없었다. 후련함과 해방감이 물밀듯 찾아왔다. 그제서야 진심으로 하고 싶었던 말을 짱이에게 전할 수 있었다.

"짱이야, 너로 인해 내 인생이 빛났다."

드라마치료를 같이 받던 '모래 언니'는 고양이 '모래'를 잃은 지 이제 막 한 달이 되었다. 텅 빈 눈빛으로 있는 모래 언니의 모습은 짱이를 처음 보냈을 때의 나와 닮아 있었다.

'나도 그랬지. 아마 저분도 지금 그런 상태일 거야. 내가 저 때를 지나왔구나…….'

상담 선생님의 말처럼 지금까지 '거대한 산'을 여러 개 넘어왔다. 내가 그랬듯 모래 언니는 주변의 슬픔에 신경 쓸 여유가 없을 것이다. 모래 언니 생각에 가슴이 아팠다. 치료 시간에도 자꾸 눈길이 가고 집에 돌아와서도 계속 생각났다. 잘 지내고 있을지, 어떻게 지내고 있을지 궁금했다.

　최근에는 일부러 편의점 아르바이트를 시작했다. 아직 남편을 제외한 가족, 친구들과는 이야기하고 싶지 않지만 낯선 사람들과는 잘 말한다. 먼저 말을 걸기도 한다. 책임감을 가지고 새로운 일에 몰두하는 게 도움이 된다. 쉴 새 없이 바쁘게 움직이는 게 참 좋다. 어쨌든 대가를 받는 일이고, 감정에 파묻혀 일을 등한시할 수는 없으니까. 편의점 사장님은 내 상황을 이해해서 나를 위해 아르바이트 자리를 준 게 아니니까.
　일도 더 늘렸고, 헬스장에 가서 PT도 받기 시작했다. 바쁘고 피곤해 코피도 났다. 이렇게 지내니까 좀 덜 울게 되었다. 처음에는 이런 일들을 아예 시작조차 할 수 없었다. 아르바이트라도 해보라는 말마저 듣기 싫었다. 이런 상황에 닥쳐 보지 않았으니 쉽게 말하는구나, 생각도 들었다. 지금쯤 되니 이해가 간다. 왜 해보라 했는지도 알겠다. 그때는 정말로 무력감이 컸다. 8개월이 흐른 지금……. 이제는 간신히 숨 쉴 수 있을 정도가 되었다. **어떻게 살아야 할지 답을 찾고 싶다.** 다시 살아봐야겠다는 생각이 든다.

나와 남편 그리고 우리의 짱이

요새 남편은 부쩍 부동산 이야기만 했다. 한번은 '날 보면 집값이 얼마나 올랐고 어떤 부동산이 좋은지밖에 할 말이 없느냐'고 화를 냈다. 남편은 "우리 잘 살려고 그런 거지" 하고 민망해했다.

실은 짱이를 보내고 나서 남편과의 사이가 훨씬 더 가까워졌다. 우린 서로에게 의지했고 같은 슬픔을 가진 동지였다. 남편도 짱이를 잃어 마음 아픈데, 오히려 나를 위해 더욱 노력해주었다. 휴가도 내서 나와 같이 있어주고 어디를 가고 싶은지 계속 물어봐주었다. 다행히 아직까진 괜찮다. 하지만 걱정이다. 언제까지 이런 날들이 지속될 수 있을까? 앞으로 우린 무슨 재미로 살까?

상담에서 돌이켜보니 남편의 헌신적인 노력이 확연히 드러났다. 그에 대한 고맙다는 마음부터 전해보려 한다. 드라마치료에서 만들어진 장면에서도 남편은 함께였다. 나, 남편, 그리고 임짱이 셋이 함께하는 모습이 아름답게 그려졌다. 그것이 바로 내가 간직하고 싶은 행복한 그림이었다.

짱이와 꽉 찬 16년을 함께했다. 그중 절반인 8년은 나 혼자, 나머지 8년은 남편과 같이 보냈다. 짱이와 둘이 살 때는 퇴근 후 짱이를 산책시키고 목욕시키기 바빠 하루가 모자랄 지경이었다.

우리 셋이 함께한 8년은 훨씬 더 여유롭고 행복했다. 결혼 생활은 만족스러웠고 짱이도 더욱 행복해했다. **우리는 충분히 행복했다.** 함께 산책하고 캠핑을 가거나 새로운 공원을 찾아다니며 살았다.

우리 집에는 여러 개의 도시락 가방이 있다. 그날그날 상황에 맞는 가방을 채워서 나갔다. 음식을 많이 싸갈 때는 큰 도시락 가방을, 그렇지 않을 때는 작은 도시락 가방을 사용했다. 그런 시간들이 참 좋았다.

요즘 그런 평화로운 날들을 떠올리며 도시락 가방을 사용하고 있다. 고구마 또는 셰이크 같은 걸 담아 아르바이트를 하러 간다. 도시락 가방은 일부러 세탁하지 않았다. 도시락 가방을 들고 다니면 짱이와 여전히 함께 있는 것처럼 느낀다. **함께 보낸 많은 시간이 정말 행복했다.** 그런 시간을 함께해준 짱이에게 고맙다.

다른 강아지가 아니라 짱이여서 좋았다. 지금 이 순간 꽤나 편안하다. 앞일에 대한 걱정도 있지만 지난 상담에서 배운 걸 기억하고 더 나아가려 한다. 한 번에 완벽하게 나아지는 것이 아니라 이런 편안한 시간을 늘려나가는 거라고. 한 달로 셈하면 열 번, 지금과 같은 시간을 가지면 한 달 중에 열흘은 편안할 것이다. 찬찬히 그만큼 늘려가면 된다.

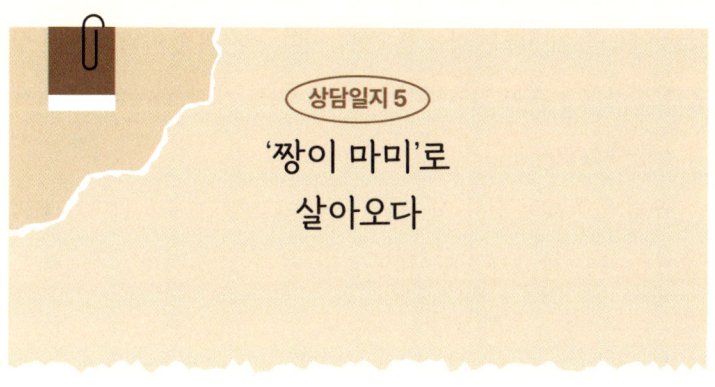

상담일지 5

'짱이 마미'로
살아오다

'짱이'가 떠나고 반년이 넘었을 즈음 펫로스 프로그램에서 임미희 님을 만났습니다. 16년간 짱이와 살면서 본명보다 '짱이 마미'로 불려왔다고 소개하는 목소리가 상냥했지만, 줄곧 시선을 내리깔고 잔뜩 웅크린 자세가 깊숙이 가라앉은 상태를 드러내고 있었습니다.

그 무렵 임미희 님에게 닥쳐온 문제는 주변 사람들과 단절된 관계, 그리고 앞으로 어떻게 살아갈지 모르겠다는 것이었습니다. 임미희 님은 짱이 생각을 시작하면 기차가 속도가 붙어 내달리듯 생각은 꼬리에 꼬리를 물었고 죄책감에 휩싸이곤 했습니다. 그럴 때면 고개를 휘젓고 '다른 생각을 하자' 혼잣말을 하거나 일부러 집에 놓인 가구를 이리저리 옮겨보기도 했습니다.

이야기를 나누는 중간중간 의식적으로 '생각 멈추기'를 할 수 있도록 '신체 자각 훈련법'을 사용했습니다. 정서에 파묻혀 압도당하지 않는 연습을 해나가는 것이 필요했습니다. 서서히 짱이와의 예전 일을 회상하거나 숨이 멎던 때를 묘사하다가도 '생각에서 빠져나오기'가 가능해졌습니다.

우리의 주제는 점차 시간을 거슬러 올라갔습니다. 임미희 님이 '짱이가 가는 게 오래도록 두려웠다고, 죽지 않게 하려고 아등바등했다'고 고백하듯 말했습니다.

"짱이를 살리지 못했어요. 더 살 수 있었는데…… 나 때문에……"

살리지 못한 것을 자책하는 탄식이 흘렀습니다. 미처 생각지 못한 심장마비, 죽음을 받아들이기란 너무나 힘든 일이었습니다. 매일 아이의 먹거리를 손수 만들고 몸 구석구석을 닦아주며 건강관리에 공들인 날들이 한순간 증발해버렸습니다. 남은 건 건강 문제에 만반의 준비를 했다 믿었던 자신을 향한 책망뿐이었습니다.

심리치료 현장에서 다루는 죄책감

임미희 님은 죄의식으로 인해 많은 사별 반려인들이 자신을 벌한다는 제 설명에 긍정하며 무척 더웠던 여름에도 에어컨을 켜지 않았음을 상기했습니다. 상실감 한가운데 똬리를 틀고 있는 죄책감을 다룰 때가 되었다고 판단했습니다. 임미희 님이 문제를 직면할 준비가 되었고, 펫로스 서클 참석자들의 연결감이 충분해졌기 때문입니다.

경험적 치료법인 '드라마치료'를 사용했습니다. 반려동물에 대해서(about) 말하기보다는 반려동물에게(to) 직접 말하게 함으로써 미해결 과제를 다룹니다. 행위적이고 극(劇)적인 방법이 드라마치료의 특징입니다. 언어화하기 어려운 기억 및 감각을 신체 동작과 행동으로 작업할 수 있고, 위압적인 상실감을 의식적으로 처리할 수 있어서 자주 활용합니다. 무엇보다 유명을 달리해 현실에서는 더 이상 볼 수 없는 이를 직접 만날 수 있기에 사별을 주제로 하는 현장에서 매우 큰 효과를 가져옵니다. 무지개다리 너머 반려동물을 직접 만나볼 수도, 못다 한 말을 전할 수도 있는 것입니다. 이러한 집단치료 방식은 사람들이 함께 작업함으로써 치유 과정의 효과가 극대화됩니다. 제가 할 일은 안전한 환경 속에서 치료적 단계를 밟아가는 것이었습니다.

일반적인 드라마치료라면 반려동물이 숨을 거둘 때와 같은 결정적 순간을 극적으로 재연하겠지만 사별과 죄의식이 주제인 만큼 재트라우마 위험을 유의해야 했습니다. '죄책감'을 상징적으로 연출할 것을 제안했고 임미희 님은 자신을 향해 수없이 되풀이되는 비난의 소리를 설정했습니다. 죄책감을 직면하기에 앞서 안전장치로 임미희 님, 짱이, 남편, 셋의 '행복한 가족' 모습을 연출했습니다. 이 행복한 가족의 모습은 8년간의 행복했던 결혼 생활을 반영한 것입니다. '행복한 가족'의 뒤편에서 시커멓고 커다란 '죄책감'이 나타나 비난의 소리를 쩌렁쩌렁 울렸습니다.

죄책감: 심폐소생술 배우라고 했잖아. 동영상 본다고 했잖아. 왜 나중으로 미뤘어! 똑바로 배웠어야지. 안 미뤘으면 짱이 살았을지도 몰라. 너 때문에 죽었어!

임미희 님이 말없이 눈물을 쏟다가 숨이 가빠지고 몸을 떨었습니다. 임미희 님을 죄책감과 멀리 떨어진 곳으로 이동시킨 다음 호흡을 유도했습니다. 다음으로 돕고 지지하는 '신체 이중자(body double) 기법'을 사용했습니다. 참가자 중 죄책감에 공감하는 사람이 '공감' 역할을 맡아 임미희 님 어깨에 천천히 손을 얹었습니다. 그리고 임미희 님과 함께 숨을 들이쉬고 내뱉으며 신체 반응을 이완하도록 했습니다. 울음과 떨림이 잦아들었습니다. 임미희 님은 눈물을 닦으며 이번엔 짱이의 소리를 들어보고 싶다고 했습니다. '행복한 가족' 안에 있던 짱이가 걸어나왔습니다.

짱이: 엄마, 사랑해. (엉엉 운다) 엄마 사랑해. 엄마 사랑해. 나 엄마 닮았어요. 잘 울고, 먹고 자는 거 좋아하고, 산책하는 것도 좋아하고. 엄마랑 살아서 행복했어요. 엄마가 귀 닦고, 발 습진 소독하고, 이 닦아주면 귀찮았지만 날 위해 하는 거라는 건 알고 있었어요.

죄책감: (죄책감이 임미희에게 가까이 다가간다) 왜 심폐소생술 안 배웠어! 너 때문이야!

짱이: (혼잣말처럼) 엄마 잘못이 아니에요. 엄마한테 그 말 꼭 해주고 싶어요. 우리 엄마 불쌍해요. (흐느껴 운다) 내가 죽고 아무하고도 연락 안 하고 혼자 지내요. 엄마! 엄마……! (임미희 님을 바라보며 목소리가 커진다) 엄마도 어쩔 수 없는 일이었을 거야. 엄마 힘으로는 안 되는 거야. 배웠어도 따라 하지 못했을 수 있댔잖아. 의사 선생님이 잘 배워서 했더라도 살 가능성은 1퍼센트라고 했어. 엄마가 그걸 받아들였으면 좋겠어. 엄마가 편해지고 사람들이랑 만났으면 좋겠어. 엄마, 사랑해.

'역할 교대(role reversal) 기법'을 통해 이러한 짱이의 말이 들리도록 했습니다. 임미희 님은 짱이가 자신에게 하는 말을 주의 깊게 들었고 한참 울다가 자연스럽게 이완 반응이 이어졌습니다. 그리고 하고 싶은 말을 전했습니다.

임미희: 짱이야, 너로 인해 내 인생이 빛났다.

짱이: 엄마……, 엄마가 친구도 안 만나고 가족이랑 연락도 안 하고 집

에만 있으니까 너무 속상해.

임미희: (고개를 위아래로 여러 번 끄덕인다) 노력할게. 짱이야, 내 새끼. 고마워. 엄마가…… 조금 더 노력해볼게. (눈물을 닦고서 뒤편의 죄책감을 향해 몸을 돌린다) 죄책감아, 열 번 올 거 한 번만 와. 너무 힘들어.

짱이: (죄책감을 힘껏 밀고 한쪽 구석에까지 밀어놓는다)

마무리 단계에서 임미희 님, 짱이, 남편, 셋의 '행복한 가족' 모습은 중앙에 있고, 죄책감은 반대편 구석에 밀려나게 되었습니다. 임미희 님이 그 모든 것들과 현재 드라마치료를 하는 자신 사이에 원하는 만큼의 간격을 두고 바라보도록 했습니다. 압도하는 죄책감에 대해 조절하는 힘을 가지도록 하는 것입니다. 몰입했던 임미희 님은 매우 후련하다며 해방감을 표현했습니다. 동참했던 참가자들 역시 비슷한 자신의 경험을 나누었습니다. 미안함, 통렬한 후회, 자책, 자신을 향한 비난……. 그것은 다름 아닌 사별한 반려인 모두의 이야기였습니다. 이 같은 작업은 다른 참가자들에게도 정서적 정화와 안정감 그리고 통찰을 줍니다. 집단적인 애도 행위이기도 합니다. 끝마치며 참가자들은 서로 격려하는 말을 건네고 다독였습니다. 끌어안고 인사를 나누는 사람들도 있었습니다.

반려동물과 반려인 사이의 특수한 관계성

사별한 반려인들의 큰 고통 중 하나가 죄책감입니다. 죽음의 원인이 무엇이든 본인 탓이라 느낍니다. 죄가 없다는 사실이 확인되더라도 머리와 가슴이 바로 일치하진 않습니다. 가슴에서는 내 탓이란 맹비난이 쏟아지고 가책에 시달립니다.

논리적인 죽음의 이유, 자연의 섭리와 같은 인식이 아픈 감정을 지우진 않습니다. 죄책감을 느끼지 말라는 말은 소용이 없습니다. 가능한 일이 아니기 때문입니다. 죽음이 갑작스러웠던 경우 죄책감의 강도는 높아집니다. 상실에 대처할 준비를 전혀 하지 못했다면 슬픔을 해소하고 상실을 수용하기까지 더 많은 과정을 거쳐야 합니다. 치유 작업에서는 속에 쌓인 죄책감을 밖으로 끄집어내 자세히 다루어 그 무게를 줄입니다. 죄책감 속에서 내적 갈등이 더 심화되지 않도록 하는 데 주안점을 둡니다. 각자의 사정과 배경에 따라 후회와 같은 감정이나 반복적으로 맴도는 과거 상황 등을 토대로 치유의 시작점을 적용합니다.

사랑하는 누군가를 잃은 사람 모두 자책하는 시기가 오지만 반려동물과 사별한 반려인의 죄책감에는 또 다른 측면이 있습니다. 이것은 '반려동물과 반려인 간 특수한 관계성'에서 기인합니다.

반려인은 반려동물이 살아가는 환경 전부를 제공하고 전적으로 돌보며 반려동물의 일평생을 같이 삽니다. 이로 인해 반려동물에게 막중한 책임을 갖게 되고 죽음의 배경 또한 더욱 밀접히 자신과 결부시킵니다. 이 '특수한 관계성'이란 사람 간의 관계와는 그 속성이 사뭇 다릅니다. 사람은 자라면서 독립하고 가족 외의 사람과도 관계를 맺으며 사회생활을 하지만 반려동물은 그렇지 않습니다. 사랑하는 반려동물의 죽음에 지독한 죄책감이 따른다는 것은 사별한 반려인을 도울 때 아주 중요한 지점입니다.

한 달여 만에 개인상담을 온 임미희 님의 분위기가 다소 달라져 있었습니다. 지난번 죄책감에 관한 작업을 하고서 무척 잘 지냈고, 펫로스 서클에서 만난 친구와 자주 왕래하고 있다고 말했습니다. 요즘만 같으면 심리상담을 받지 않아도 될 것 같다는 생각까지 했다며 웃어 보였습니다.

임미희 님은 상실감을 완화할 새로운 방법을 사용했습니다. 처음 해보는 편의점 아르바이트를 하고 트레이너에게 운동을 배우기 시작했습니다. 짱이와 행복했던 시절에 자주 사용했던 도시락 가방, 즉 '연결된 물건'을 지니고 다녔습니다. 또 매달 사별한 반려인들의 자조 모임을 해나가기로 하고 안내문을 작성해 인터넷에 게시하여 관련된 사람들에게 소식을 알렸습니다. **같은 처지의 상실 경험자를 돕는 것은 슬픔을 딛고 일어설 수 있는 능동적인 방법입니다.** 그즈음 임미희 님의 명랑한 성격이 드러나곤 했습니다. 하루는 왁자지껄한 소리에 무슨 일인가 모임 자리에 들어갔더니 헬멧을 쓴 임미희 님이 오토바이를 타는 듯 장난스러운 포즈를 취하자 그 모습에 사람들이 폭소를 터뜨리고 있었습니다. **멈춰 섰던 삶이 조금씩 움직이기 시작했습니다.**

자식 같은 반려동물을 떠나보낸 부부

자식 같은 짱이가 떠나고 부부가 서로 버팀목이 되어 견뎌왔지만 고통의 수위가 한 뼘 낮아지자 부부 관계가 수면 위로 떠올랐습니다. **남겨진 가족 구성원마다 사별의 슬픔을 표현하고 견뎌내는 방식이 각기 다릅니다.**

임미희 님은 최근 남편이 부동산 이야기만 한다며 다퉜던 일화를 풀어놓았습니다. 비통에 잠기지 않으려는 남편의 분투가 짐작이 갔습니다. 어쩌면 외로울지도 모르겠다는 생각이 들어 느낀 바를 솔직히 말했습니다. 임미희 님은 일하고 운동하는 자신과 마찬가지로 남편에게도 열중할 것이 필요하다는 걸 이해했습니다. 그러자 앞으로 둘이 어떻게 살아가면 좋을지 마음속 깊은 생각을 터놓을 준비가 되었습니다. 임미희 님은 부부 사이 소통할 방법을 모색해 나가기 시작했습니다.

자녀의 위치에 있던 반려동물이 떠나면 부부 관계는 새로운 국면을 맞이합니다. 슬픔은 서로 다른 고유의 방식으로 나타날 수 있습니다. 배우자와 큰 마찰이 없는 경우더라도 분위기가 어색하다거나 대화 주제가 사라졌다거나 주말에 무엇을 하며 지내야 할지 난처하다는 이야기가 상담에서 때때로 등장합니다. 슬픔은 역설적이게도 두 사람을 연결해줍니다. 부부 사이에 상호 신뢰가 있고 필요할 때 기꺼이 전문적 도움을 받고자 한다면 활로를 열어갈 수 있습니다.

개인상담을 마무리하는 임미희 님의 얼굴이 말갛게 개어 있었습니다.

"지금 좋네요. 편안해요. 처음에 왔을 때는 마음에 화도 많았어요. 그때의 제가 뜨겁게 팔팔 끓는 물이었다면 이제는 미지근해졌어요."

이 같은 경험에서 상실 수용과 회복으로 가는 힘을 얻습니다. 그 힘은 슬픔이나 절망이 찾아오면 맞아들였다가 흘려보내는 요령, 고통을 딛고 나아가는 자기 자신에게 붙는 자신감, 비록 지금은 괴로워도 다시 달라질 거라는 경험적 믿음입니다. 제 마음도 한결 가뿐했습니다. 임미희 님이 앞으로 새로운 모습으로 삶을 누릴 것은 분명했습니다.

짱이에게 보내는 편지

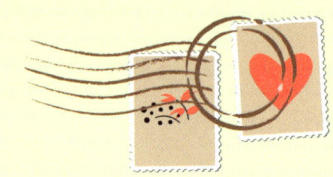

산이 저문다. 노을이 잠긴다. 저녁 밥상에 애기가 없다.

애가 앉던 방석에 한 쌍의 은수저.

은수저 끝에 눈물이 고인다.

2018.3.20

내 거 중에 최고 임짱이.

2018.4.19.

엄마는 정말 행복했어, 고마워.

2018.4.24.

걷고 걷고 또 걸어도 보고 싶다.

2018.5.1.

나의 멋진 개.

2018.6.12.

"엄마, 바람이 많이 불면 내가 온 거예요."

2018.6.26.

우린 몸만 떨어져 있어, 괜찮아.

2018.7.24.

3종 세트. 사랑해, 고마워, 미안해.

2018.8.13.

집 안에 해가 들기 시작하는 계절. 볼 때마다 가슴이 철렁해.

2018.10.18.

하루에도 몇 번씩 안아보는 상상을 한다.

왼쪽 팔에 짱이 가슴을 얹은 후

왼손으로 옆구리를 잡고 오른손으로 엉덩이를 받친다.

2018.11.7.

짱이야, 아빠가 정말 많이 사랑한대.

보고 싶대.

2018.11.24.

기록 6
이제 엄마도 준비가 됐나요?
아파하는 반려동물의 안락사를 선택할 때

이름: 김멍멍(블랙마스카라 드워프 토끼, 암컷, 7살)

애칭: 멍이

#반려토끼 #소동물 #룸메이트 #엄마 껌딱지 #휴식처
#치근농양 #투병 #수술 #완화치료 #호스피스
#아낌없는 사랑 #묵묵한 응원 #안락사 #삶의 질
#죽음을 선택한 것이 아닙니다

까만 눈가를 가진 블랙 마스카라 토끼 멍이.

다시 멍이를 생각한다.

아낌없이 주는 사랑, 이타적인 사랑이

무엇인지 알게 해준 아이.

말없이, 그저 옆에 누워 바라보는 것만으로도

'삶이 좋구나' 느끼게 한 존재, 멍이.

룸메이트 멍이와 함께 살면서 김시윤 님에게 집은 더욱 아늑한 보금자리가 되고, 멍이는 누구보다 가장 가까운 존재가 됩니다. 반려동물은 친구이자, 연인이자, 아이도 되죠. 멍이로 행복했던 세상은 치근농양이라는 병 때문에 먹구름이 드리웁니다. 1년 반의 투병 끝에 어렵게 안락사 결정을 내리고 멍이를 떠나보냈지만 이후에 슬픔과 회한으로 괴로워하고 있었습니다.

블랙 마스카라 토끼 '멍이'

2011년 11월 '멍이'를 처음 만났다. '블랙 마스카라'라는 종의 토끼로, 그 이름처럼 까만 눈가를 가진 9월 24일생 여자아이였다. 솜털 뭉치 같은 토끼는 호주머니에 들어갈 정도로 몸집이 조그마했고, 만지기 두려울 만큼 약해 보였다.

조심스레 다가가는 나를 향해 뛰어오는 토끼의 큰 귀가 펄럭펄럭 날렸다. 그 모양새가 꼭 달리는 강아지 같아 이름을 '멍멍'이라 붙였다. 성은 내 이름에서 따온 '김', 그리하여 '김멍멍'이었지만 주로 "멍이야!" 하고 부르게 되었다.

처음으로 반려동물을 기르는 것이었다. 멍이를 제대로 이해하지 못했지만 멍이는 빠르게 자랐다. 어느새 쑥 커버린 멍이를 보니 잘 키우고 싶은 마음이 생겨났다. 토끼에 관한 공부를 적극적으로 하기 시작한 건 멍이를 데려온 이듬해가 되어서였다.

멍이는 나의 룸메이트로서 케이지 없이 자유롭게 살았다. 같은 공간에서 생활하면서 멍이에게 하나씩 맞춰나갔다. 토끼는 무엇이든 이로 갉아먹는 습성이 있기 때문에 모든 전선은 방지 비닐로 감싸 높은 위치에 고정해놓았다. 멍이가 편안히 배변할 수 있도록 화장실은 선호하는 위치에 만들어주었다. 그 덕분인지 다른 곳에 실례한 적이 한 번도 없었다.

멍이는 주식인 건초 외에 뭔가 먹고 싶을 때면 지정된 간식이나 사료통을 긁어 신호를 보냈고, 물이 깨끗하지 않다고 여기면 물통에 입을 대었다가 입을 떼는 행동으로 내게 물을 갈아달라고 알렸다. 점점 멍이가 무엇을 원하는지 금방 파악할 수 있었고, 우리만의 커뮤니케이션 방식도 늘어났다.

숨 쉴 수 있는 휴식처

토끼는 자신의 영역이 뚜렷한 동물이다. 멍이의 경우 방에 다른 사람이 들어오면 물거나 짖는 소리를 냈다. 경계가 심하다 보니 우리 사이는 더 돈독해지고 교감하는 기회도 늘어났다.

멍이를 거실로 데려갈 때는 가족들에게 양해를 구한 뒤 품에 안고 가서 소파 위에서만 놀게 했다. "멍멍" 하고 바닥을 탁탁 치면 멍이는 잠시 나를 올려다보고는 이내 귀를 팔랑거리며 달려왔다. 멍이와 함께하는 시간이 점점 쌓이면서 느낄 수 있었다.

 '이게 바로 동물과의 교감이구나!'

 멍이는 의사 표현이 확실했다. 못마땅하고 불만스러울 때는 내 옷을 입으로 물어뜯고 손으로 굴을 파는 것처럼 '파바박!' 헤집었다. 여행이라도 며칠 다녀오면 그동안 심심했다는 듯 매트를 모두 뜯어 놓기도 했다.

 한방에서 생활하니 언제 어디에서나 눈이 마주쳤다. 고개만 돌리면 아이가 보이고, 항상 멍이의 시선에는 내가 있었다. 그런 따스한 공간의 분위기가 나를 편안하게 만들었다. 집으로 돌아와 문을 열면 언제나 멍이가 있었다. 그곳은 우리의 보금자리가 되었고 멍이는 내게 가장 가까운 존재가 되었다. 좋을 때든 슬플 때든 곁에 있는 멍이는 나의 친구이자 가족이자 연인이자 아이 같았다. 보통의 친구들이 맛있는 음식을 먹거나 수다를 떨거나 여행을 가는 것으로 스트레스를 해소한다면 나에게는 멍이와 함께하는 시간이 그러했다. 멍이가 그저 옆에 있어주는 것만으로도 충분했다. 한마디로, 멍이는 '내가 숨 쉴 수 있는 유일한 휴식처'였다.

제일 행복한 사람

멍이는 봐도 봐도 또 보고 싶은 아이였다. 퇴근 후 멍이랑 놀 수 있다는 생각에 매일 오후 4시만 되면 기분이 좋아졌다. 퇴근 시간이 되면 가장 먼저 인사하고 경보하듯 버스 정류장으로 달렸다. 그런 나를 보고 동료가 집에 꿀 발라 놓았냐고 농담할 정도였다.

또 당근, 치커리, 청경채 같은 채소를 뷔페처럼 차려주고는 정신없이 먹는 멍이를 엄마의 마음으로 뿌듯하게 바라보곤 했다. 멍이는 엄마 껌딱지, 애교 많은 엄마 사랑둥이였다. 밤이 되어 불을 끄고 누우면 멍이도 엄마가 잘 시간이라는 걸 알고 쪼르르 달려와 내 옆에 누웠다. 멍이에게는 베이비파우더 향이 났다.

멍이가 기분 좋은 날엔 배 위로 올라왔다. 살살 어루만져주면 "고롱~고롱~" 소리를 냈다. 꼭 붙어 떨어지지 않으려는 멍이는 진심 아기 같았다. 한참 멍이를 쓰다듬다 보면 우리는 어느새 잠이 들곤 했다.

몇 해가 지나 회사를 퇴사하고 대학원에 진학하게 되었다. 대학원생이 되니 매일 같이 학업에 열중해야 했지만 그로 인해 멍이와 함께 있는 날이 늘어났다. 과제를 하거나 논문을 쓸 때 멍이는 '나에게 관심을 가져달라!'고 시위하듯 책 위에 배를 깔고 누웠다. 사실

당시에 공부를 그만두고 싶었는데 책을 읽으며 멍이를 쓰다듬는 순간들이 정말 행복해서 대학원에 진학한 것이 잘한 결정이었다고 생각했다. 멍이와 더 가깝게 지낼 수 있던 시간은 대학원 생활에서 얻은 가장 값진 선물이었다.

덕분에 수시로 멍이와 놀 수 있었다. 엎드린 내 등을 타고 멍이가 올라오면 멍이가 떨어지지 않도록 잡고 바닥을 엉금엉금 기어다녔다. 서로 손을 맞잡고 리듬을 타기도 했다. 이를 '산책놀이' 그리고 '손잡고 바운스'라는 이름으로 불렀다. 멍이와 놀다 보면 종종 〈주토피아〉 같은 애니메이션 속에 들어온 듯한 환상적인 느낌이 들었다.

'멍이는 마치 살아 있는 인형 같아.'

멍이와 부쩍 더 가까워져 멍이가 어떤 생각을 하고, 어떤 행동을 할 때 무엇을 원하는지 바로 알아차리게 되었다. 차츰차츰 나에게도 긍정적인 변화가 일어났다. 멍이를 만나고 교감하는 법을 알게 되면서 다른 동물들에게도 따뜻한 시선을 갖게 되어 유기동물 후원을 정기적으로 해나가기 시작했다. 밤새 놀러 다니던 습관도 바뀌어서 점점 집에서 시간을 많이 보내는 집순이로 변했다. 오랫동안 알던 친구들도 내가 이렇게 바뀔지 몰랐다고 놀라워했다. 집이 제일 좋았고, 아이랑 같이 누워 있을 때가 제일 행복했다. 하루 중 그 순간이 가장 소중했다. 점점 바뀌는 내 모습이 좋았다.

스물한 번의 대결

2017년 여름, 멍이가 아프기 시작했다. 나이가 들면서 약해진 이빨이 흔들리다가 썩어 농양으로 전이되는 '치근농양'이라는 병이었다. 토끼에게 흔한 질병이지만 한 번 걸리면 완전한 치료가 불가능해 치명적이었다.

9월 첫 수술 때만 해도 나을 수 있을 거라는 희망을 가졌다. 현실은 희망과 달랐다. 1년 반에 걸쳐 총 스물한 번의 수술을 했다. 한 달에 한 번 이상 수술한 꼴이다. 집에서 수술 부위에 드레싱을 해주고 약을 먹였는데도 농양은 계속해서 재발해 얼굴 전체로 넘어갔고 혈관을 타고 다른 곳으로도 퍼졌다. 수술 다음 날이 되면 농양이 다시 그대로 차 있는 식이었다.

병원에서는 이미 병이 뼈까지 스며들어 어쩔 수 없다고 말했다. 처음부터 낫지 않는 병이라는 걸 알았지만 참담했다. 증세가 심해지고 전이도 계속 늘어나 수술 부위는 점점 커졌다. 거듭된 마취에 심정지가 와 급하게 수술을 끝내야 했던 적도 있었다. 초반에는 수술 후 나아지는 게 눈에 보였으나 점점 회복 속도가 느려졌다. 멍이가 감당해야 하는 부담도 늘어났다. 갈수록 체력이 떨어졌고 아파하고 힘들어했다.

토끼를 치료할 수 있는 동물병원은 드물었다. 멍이와 나는 멀리 인덕원에 있는 동물병원까지 택시를 타고 다녀야 했다. 병원에 한 번 갈 때마다 왕복 교통비에 병원비까지 비용도 많이 들었다. 고맙게도 담당 수의사 선생님께서 수술비를 할인해주시곤 했다. 오랜 투병에 대한 배려였다.

이제 엄마도 준비가 됐나요?

1년이 넘는 시간 동안 많은 고비가 있었다. 우리는 서로를 더욱 의지하게 되었고 서로에 대한 믿음도 더욱더 굳고 강해졌다.

멍이가 아주 잘 견뎌주고 있었지만 오래 못 갈 거란 느낌이 들었다. 병원에 다녀오고 나면 멍이는 설사를 하고 밥도 먹지 못했다.

'이런 식으로 계속 갈 수는 없겠구나.'

첫 수술 후 1년이 지난 9월경에 수의사 선생님께 이제 안락사를 고려해볼 시점이 된 것 같다는 말을 들었다. 멍이가 수술 중에 생명을 잃을 위험이 너무 크고 더 이상 치료를 받을 상태가 아니라는 설명이었다. 수의사 선생님의 권유를 긍정적으로 검토해보겠다고 대답했다. 그 이후 안락사가 도대체 무엇인지 그것이 올바른 선택인지에 대해 인터넷에서 검색하고, 책을 읽고, 공부하고, 고민했다. 그러고 나서 마음을 굳혔다.

'이제 그만해도 되겠어. 우리는 충분히 노력했어……'

안락사를 결정한 것은 10월이었지만 그때까지 마음을 정하질 못하고 계속해서 미뤘다. 매일매일 멍이의 상태를 지켜보며 안락사가 맞겠다 싶어 결정을 내리고도, 실제로 그 날짜가 되면 재차 연기했다. 다시 11월 초로 잡았다가 도저히 안 되겠단 생각이 들어 12월 초로 바꾸고, 또다시 미루고…… 미루고 또 미뤘다.

'멍이는 사실 더 살고 싶을 수도 있으니까……. 이렇게 힘들어도 아이가 살고 싶을 수도 있잖아. 내 옆에 계속 있고 싶을 수도 있어.'

엄마 옆에 더 있고 싶어서 버티는 건 아닐까? 이것이 가장 마지막까지 남은 고민이었다. 동물과 소통하는 애니멀 커뮤니케이션도 해보았다. 진짜로 멍이 마음을 읽을 수 있을지는 모르지만 결정하는 데 도움이 될까 싶어서였다.

전해 들은 멍이의 말 한마디에 정말 많이 울었다.

"이제 엄마도 준비가 됐나요?"

멍이는 이미 떠날 준비가 되어 기다리고 있는 것 같았다. 갑자기 떠나버리면 엄마인 내가 너무 힘들까 봐.

자비로운 죽음

우리 사회에서 동물 안락사에 대한 인식은 부정적인 경우가 많다. 보호소에 유기견이 들어오고 공고를 올린 후 일주일 안에 새로운 보호자가 나타나지 않으면 대부분 안락사를 시행하는 곳이 많다. 안락사에 대해 자세히 연구하고 나서야 동물이 고통스러운 삶을 더 이상 견디지 못할 때의 선택이고, '자비로운 죽음'이라 불리기도 한다는 것도 알았다. 이런 시각을 가지게 되니 안락사에 대해 조금 더 긍정적으로 바라보게 되었다.

안락사 결정을 위한 '조건 체크 리스트'에는 멍이에게 해당하는 조건들도 있었다. 안락사를 권고할 때 화내거나 부정적으로만 받아들일 필요가 없다는 것, 그리고 수의사도 보호자에게 안락사를 권고하거나 시행할 때 힘들어 한다는 것도 알게 되었다. 일부 보호자는 안락사 과정 동안 대기실에 있거나, 차 안에서 기다리거나, 담배를 피운다고도 했다. 나는 멍이의 곁에 남아 마지막 모습까지 지켜보기를 선택했다. 그렇게 2018년 12월 29일 토요일, 멍이를 보내주었다.

혼자서 이어가는 날들

멍이가 없는 시간은 무척이나 느리게 흘렀다. 이렇게 긴 하루가 갔는데도 겨우 한 달이 지났다니. 그래, 멍이와 있을 때는 하루가 참 빨리 지나갔었지…….

멍이와 처음 만난 날이 엊그제 같다. 눈 깜짝할 사이 7년이 지나 있었다. 한마디로 정의할 수 없는 이런 진한 감정은 아무리 시간이 흘러도 무엇을 해도 쉽게 사라지지 않을 것 같다. 정말 소중했던 아이였기에 5년 정도는 내 마음속 깊이 남아 있지 않을까? 혹시 그 이상이 될 수도 있을까? 하루에 세 번씩 우는 날이 내내 계속 이어지진 않겠지만……. 어쩌면 5년 후에도 같은 생각을 하고 있을지도 모른다. 이런 날들을 잘 보내고 앞으로 어떻게 나아가야 할지 방안을 찾고 싶다.

멍이가 아팠을 때부터 죽음이나 심리, 정신건강과 관련된 책을 읽기 시작했다. 아이가 가고서 우울해질 거라 예상되었기에 펫로스 프로그램도 찾아 신청했다. 모두 다른 종의 동물이었지만 아이를 잃은 사람들의 이야기가 와 닿았다. 상실감이 1년 주기로 돌아온다는 설명에도 바로 납득이 갔다. 나 역시 매주 토요일, 매달 29일이 끔찍이 싫었으니까. 멍이를 보낸 12월 29일 토요일과 겹치는 날은 지내기가 특히나 괴로웠다.

절망적인 감정은 사라졌다가도 다시 생겨났다. 집에만 있으면 더 우울해지니 무엇이든 해야지 다짐하고 밖으로 나갔지만 집에 돌아와 반겨주는 아이가 없다는 것에 다시 슬퍼졌다.

가장 힘든 일은 멍이와 항상 함께했던 생활을 혼자서 이어가야 한다는 것이었다. 예전에는 언제든 아이가 내 곁에 있었다. 밥을 먹을 때도, 공부할 때도, 논문을 쓸 때도 항상 멍이가 옆자리에 있었다. 새 직장을 구하며 이직 이력서를 작성할 때 멍이의 빈자리를 더욱 크게 느꼈다.

'이 많은 자격증, 경력들 전부 멍이가 있을 때 해냈구나. 지금은…… 멍이가 없네.'

이제 나는 모든 일을 멍이 없이 혼자서 해내야 한다.

이제 여기서 그만

안락사 결정은 너무나 힘든 일이었다. 이렇게나 어렵게 결정하는 거구나, 싶을 정도로 끊임없이 고민하고 거듭 미뤄 안락사를 진행했는데도 후회가 됐다.

'시간을 되돌려 다시 멍이가 내 옆에 더 있어줬으면…….'

아이를 떠나보낼 날을 정해두고 그날이 오면 슬플 거라 예상도 했고, 보낸 후 어떻게 지낼지 계획도 조금씩 세워왔다. 날짜를 조금씩 미루며 그런 생각을 할 수 있는 시간이 많았다. 하지만 멍이가 정말로 가고 나니 그 모든 걸 초월하는 슬픔이 파도처럼 덮쳐왔다. 예측하고 대비할 수 있는 것이 아니었다. 어찌해야 할지 모를 정도로 큰 슬픔이었다. 살 수 없을 것 같은 기분이었다. 괜히 떠나보냈다는 후회와 함께 나도 죽고 싶다는 생각을 수없이 했다.

안락사를 선택하지 않을 수 있던 사람들로부터 안락사에 대해 많은 의견을 들었다.

"생명마다 정해진 명줄이 있는데, 왜 그걸 사람이 결정하나요?"
"차라리 떠나는 날을 알아서 그 시간 동안 준비하고 사랑한다는 말을 많이 하는 게 나을 것 같아요. 난 아이에게 작별 인사조차 못 했어요."
"아이가 고통스럽게 죽을 수 있으니까 안락사가 나을지 몰라요."

물론 이런 말들이 생명은 그 자체로 귀중하며 남아 있는 시간을 소중하게 보낼 수 있고 떠날 때 옆에서 지켜봐줄 수 있다는 뜻이겠지만 내 마음은 달랐다. 나에게 안락사란 아이의 생을 '이제 여기서 그만' 결론지었다는 의미였다. 자연적으로 죽었다면 그 이상의 삶은 없다. 그것이 아이 생의 마침표였을 것이다. 안락사는 아이의 삶이 더 남아 있음에도 정지시켰다는 것이다. 내가 멍이의 생을 멈추었다.
멍이를 그냥 두었더라면…….
내가 멍이의 삶을 정지시킨 게 아니라 아이가 떠나가게 됐더라면…….

묵묵한 응원

펫로스 프로그램에서 이야기하며 머릿속이 정리되었지만 그만큼 감정의 파도도 심했다. 프로그램을 마치고 집으로 돌아오는 길에 기운이 없어 죽을 사 먹은 날도 있었다. 지나고 보니 그 시간 동안 집중해 내 안의 것들을 모두 밖으로 끄집어낸 뒤 파도는 잔잔해졌다. 아이를 보낸 사람들과 가족, 그리고 친구에게 묵묵한 응원을 받기도 했다.

'그래도 내 주위에 소중한 사람들이 많구나. 아이가 이것도 알려주고 갔구나…….'

아이가 가던 날, 이른 아침부터 저녁까지 아빠가 같이 있어주셨다. 아빠가 같이 계셔주실 줄 몰라서 미리 친구에게 장례식에 함께 가달라 부탁하고 하루 일정을 계획했었다. 그날이 되자 아빠는 먼 거리의 병원까지 운전해 데려다주시고 또 기다렸다가 장례식장까지 함께 가주셔서 놀랐다.

장례를 치르고 집에 돌아오니 심장이 뜯겨나가는 것 같았다. 빈 방에 공허함이 덮쳤다. 다음 날까지 아무것도 먹지 못하고 있으니 엄마가 죽을 쒀 상을 차려주셨다.

며칠이 지나고서 엄마에게 말했다.

"나 여행 갈래. 템플스테이도 갈 거야."

엄마는 별다른 말 없이 다녀오라고 했다.

멍이가 떠난 후에도 방에 남은 멍이 물건들은 버리지 않았다. 아이가 너무 보고 싶어 주변에 사진도 붙여놓았다. 유골함은 아이가 항상 있던 그 자리, 내 옆에 두었다.

장례식장에 함께 와준 친구에게 진짜 토끼같이 생긴 인형을 선물 받았다. 실제 토끼의 크기와 모습을 그대로 따라 만든 인형을 찾다가 해외 인터넷 사이트에서 직접 주문한 모양이었다. 그 인형을 아이가 머무르던 자리에 두었다. 가족들이 내 방에 들어와 보고 아무 말 없이 나갔다. 모두가 다 같이 내가 힘든 상태임을 암묵적으로 알아준다는 걸 느꼈다. 동생은 아이가 간 날 많이 울었다. 가족들이 멍이와 교감은 없었지만 같은 집에 살아왔고 각자의 방식으로 내 슬픔을 공감해주고 있었다. 그중에서 장례식장에 함께 갔던 친구가 많은 도움이 되어주었다.

"잘하고 있어. 너 충분히 열심히 노력하고 있는 거, 내가 알고 있어."

친구의 말에 울컥했다. 누군가 내 노력을 알고 있다는 것, 잘하고 있다고 말해준다는 것. 그리고 내 이야기를 들어준다는 것…….

내 삶은 이제 멍이가 건강했을 때, 멍이가 아팠을 때, 그리고 멍이가 없는 때로 나뉜다.

   사진을 볼 때나 추억을 회상할 때도 그렇다. 다시 멍이를 생각한다. 아낌없이 주는 사랑, 이타적인 사랑이 무엇인지 알게 해준 아이. 말없이, 그저 옆에 누워 바라보는 것만으로도 '삶이 좋구나' 느끼게 한 존재, 멍이.

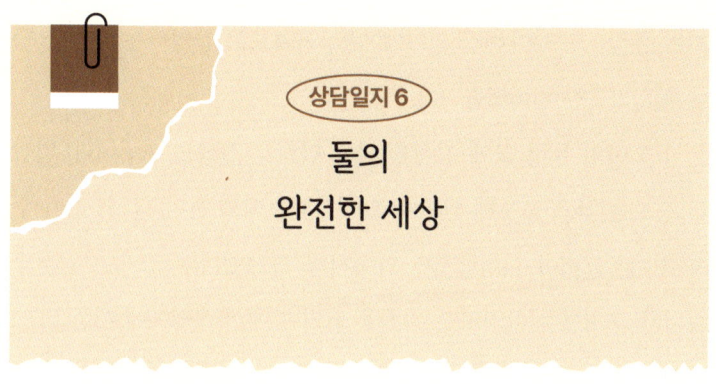

상담일지 6

둘의 완전한 세상

룸메이트 멍이와 함께 살면서 김시윤 님에게 집은 한결 아늑한 공간이 되어 전과 달리 일찍 귀가하게 되었습니다. 멍이와 지낸 날들의 묘사를 듣고 있자니 따뜻한 보금자리가 상상되었습니다.

김시윤 님은 펫로스 프로그램에서 멍이의 동영상을 사람들에게 보여주었습니다. '붐바스틱~'으로 시작하는 노래에 멍이가 뛰어오르는 모습이었습니다. 사람들은 멍이가 신나는 비트에 맞춰 춤추듯 깡충깡충 뛰는 모습에 웃음을 터트리며 즐거워했고, 토끼가 이렇게 뛰는 것에 놀라며 여러 번 다시 돌려보길 청했습니다. **반려동물은 같이 있는 공간을 마법처럼 바꾸어버립니다.** 기쁨, 샘솟는 애정, 안락함……. 완전하다고 할 만한 세상입니다.

곁에 있는 멍이로 행복했던 세상에 먹구름이 드리웠습니다. 멍이의 병세가 악화된 것이죠. 수십 번의 수술, 온몸에 전이된 농양, 심해지는 통증……. 쇠약해진 멍이에게도, 지켜보고 간병하는 김시윤 님에게도 가혹한 일이었습니다.

1년 반의 투병 끝에 김시윤 님은 안락사 결정을 내립니다. 열심히 정보를 찾고 공부해 안락사를 결정했는데도 차마 할 수 없어 수차례 미루고서야 진행했지만 안락사를 '선택했다'는 무게는 엄청났습니다. 후회를 이야기하는 김시윤 님의 말에서 생명체에 대한 외경, 아이를 보낸 것에 대한 회한을 느꼈습니다. 인터넷에 연재해왔던 '멍이 투병 일기'에 병에 관한 질문이라도 달리면 김시윤 님은 괴로워했습니다.

"멍이가 옆에 있을 땐 성심성의껏 답을 해줬는데 지금은 답하기가 너무 고통스러워요. 댓글 창도 다 닫아뒀어요."

호스피스 그리고 안락사

함께하던 반려동물이 적극적인 치료에도 불구하고 회복 가능성 없이 증상이 악화되면 눈앞에 놓이는 고민이 안락사입니다. 이 시기에 수심에 찬 반려인을 만나면 저 또한 괴로움을 느낍니다.

반려동물이 어떤 상태이든 맥박이 뛰는 한 헤어짐은 유예됩니다. **안락사를 고려할 때 가장 어려운 점 중 하나는 확신을 얻기를 원한다는 것입니다.** 근거를 찾고 확인하기 위해 끊임없이 자문합니다.

'이렇게 고통스러워하는데 편안하게 해줘야 해. 아냐, 아직은 아니야. 만약 하게 된다면 아이가 날 원망하지 않을까? 애는 살고 싶을 수도 있어. 혹시 나 혼자 편하려고 이러는 건 아닐까?'

수의사의 안락사 권고 이후 최종적으로 결정하는 것은 반려인 몫이 됩니다. 상담실에서 만났던 사람들은 반려동물에게 명확한 대답을 들을 수 있다면 안락사 선택이 조금은 수월했을 것 같다고 입을 모았습니다.

아픈 반려동물의 상태가 나아지지 않을 것이 분명해질 때, 삶을 잘 마무리하도록 돌보는 치료로 전환하게 됩니다. 이른바 완화 치료·호스피스입니다. 질환을 치료하거나 기능을 유지, 회복시켜 일상생활로 돌아가는 것을 목적으로 하는 경우와 다릅니다. 이때, 질병 자체 외에도 '삶의 질'을 주기적으로 평가하는 것이 권장됩니다. 이러한 평가는 향후 계획을 세우기에 도움이 됩니다.

'삶의 질(QOL) 척도'는 동물 종양학자 앨리스 빌라로보스가 제시한 기준표로 총 일곱 가지 항목으로 되어 있습니다. 통증(Hurt), 식욕(Hunger), 물 먹기(Hydration), 위생(Hygiene), 행복감(Happiness), 운동성(Mobility), 기력·컨디션이 좋은 날은 얼마나 되는가(More good days than bad) 항목 앞글자를 따서 'HHHHHMM 기준표'라고도 부릅니다. 각 항목 기준별 10점 만점, 총 70점 만점입니다. 이 척도에 맞춰 반려동물의 상태를 평가하고 그 결과 총점 35점 이상의 경우 호스피스 관리가 잘되고 있다고 판단합니다. 삶의 질이 좋지 못한 경우, 반려동물이 고통스럽지 않은 상태로 집에서 생을 마무리 하거나 편안한 환경에서 안락사하는 것이 필요할 수 있습니다.

안락사 결정과 시기에 적확한 답은 없을 것입니다. 다만 안락사가 반려인에게 남다른 흔적을 남기는 것은 틀림없습니다. 반려동물 상실 증후군에도 크게 영향을 미칩니다. 그렇기에 반려동물 완화 치료·호스피스의 경우, 그의 가족이자 보호자인 반려인 또한 돌봄의 대상에 포함되어야 하며 사별상담(bereavement counseling)을 받는 것이 도움이 됩니다. 이 시기의 반려인은 대체로 증상이 악화된 반려동물을 간호하느라 몹시 지쳐 있는 상태로 금전 문제, 수면 패턴, 업무 생산성, 대인관계에 어려움을 겪습니다. 또 반려동물의 생사가 자신에게 달린 듯한 혼란과 우울감을 느낍니다. 일반적인 사람의 호스피스 경우에는 오래전부터 삶의 마무리 단계에서 그의 가족까지 사회적·심리적·영적 영역에 걸쳐 돌봄의 대상이 됩니다.

안락사를 주제로 하는 펫로스 상담 및 교육에선 공통적으로 두 가지를 이야기합니다. 하나는 안락사가 비윤리적이거나 인공적이기만 한 건 아니라는 점입니다. 우리는 의학 기술과 생명 유지 기술을 이용할 수 있습니다. 수술, 투약과 같은 치료로 아픈 반려동물의 고통을 줄이고 생을 연장합니다. 안락사는 인공적으로 연장하는 생을 중단하는 결정일 수 있습니다.

다른 하나는 선택에 관한 이야기입니다. 죽음은 여러 가지 얼굴로 다가옵니다. 안락사를 떠올렸을 때는 반려동물이 말기 단계 질환으로 몹시 괴로워할 때였을 것입니다. 반려인의 염원과 다르게 반려동물의 죽음은 이미 가까이 와 있었을 것입니다. 반려인이 내린 결정은 반려동물의 생을 끝내는 여부가 아닙니다. 즉 죽음을 선택한 것이 아닙니다. 아이가 고통을 얼마나 어떻게 견디게 할지 선택한 것입니다.

아이가 무지개다리를 건넌 후 안락사에 대해 다른 사람들의 의견을 꼭 듣지 않아도 괜찮습니다. **소중한 이를 떠나보냄은 누구에게나 몹시 괴로운 일이지만 그 과정이 다 같을 수 없습니다.** 아이의 마지막 여정에 고통을 덜어내기 위한 격렬한 과정 끝에 자책과 허무가 있기도 합니다. 하지만 죽음과 안락사 앞에서 반려인의 충격은 무색해져 버립니다. 자신이 아픈 것 정도는 무시하거나 미처 감지하지 못한 채 수개월, 수년이 지나서 알아차리기도 합니다. 우리는 슬픔을 통제할 수는 없지만 자신을 돌보는 일을 할 수 있습니다.

멍이를 새기며

김시윤 님이 **이제부터 해나가야 할 일은 지치고 슬픔에 기진한 자신**

을 돌보는 것이었습니다. 펫로스 프로그램의 아이를 보낸 사람들이 고요한 격려를 보냈습니다. 그리고 김시윤 님 옆에는 '그저 곁에 있어 주는' 친구가 있었습니다. 친구는 멍이의 장례식장에 동행하고 토끼 인형을 선물해주었습니다. 그리고 멍이가 없으니 이제 자신에게 말하라며 김시윤 님 이야기에 귀를 기울입니다. 그는 반려동물을 떠나 보낸 적도 같이 살아본 적도 없는 비반려인이지만 멍이가 어떤 존재인지 잘 알아주는 친구입니다.

돌이켜 생각해보니 다행스럽게 여겨지는 일도 있었습니다. 멍이가 가기 4개월 전, 불면증과 건강 문제로 회사를 그만 둘 때만 해도 12월 29일이 멍이와의 마지막 날이 될지 몰랐습니다. 그 덕에 이별하기 전 함께 할 수 있는 시간이 많이 생겼고 멍이와 둘만의 시간에 집중할 수 있었습니다.

김시윤 님은 그대로 멈춰 있기보다는 무엇이라도 하는 편이었습니다. 멍이와 관련되거나 자신에게 도움이 될 만한 것이라면 가리지 않고 해보았습니다. 템플스테이를 다녀오고 일본으로 혼자 여행을 떠나기도 했습니다. 또 유기묘(卯) 봉사하는 곳에도 찾아갔습니다. 때가 조금 이르긴 했습니다.

"직접 토끼에게 가까이 가보니 만지기 싫더라고요. 제가 차가워진 걸 느꼈어요. 살짝 만지면 멍이 생각이 나요. 멍이를 불러일으키는 건 싫은가 봐요. 보고 싶을 때마다 사진첩을 여는 것도 마음이 힘들거든요. 그래서 사진 몇 개만 골라 방에 붙여놨어요."

가장 좋았던 것으로 공예를 꼽았습니다. 9월 24일 멍이의 생일과 자신의 생일이 속한 천칭자리를 직접 새겨 넣어 아크릴 조명등을 만들었습니다. 방에 켜둔 등을 볼 때마다 좋더라고 말하는 얼굴이 밝았습니다. 펫로스 프로그램도 감정 동요가 컸지만 하길 잘했단 생각이 들 거란 확신으로 계속 왔던 것이라고 덧붙였습니다. 김시윤 님이 자신의 앞날을 향해 천천히 발걸음을 내딛고 있었습니다.

상담을 모두 마친 어느 날 김시윤 님께 편지 한 통을 받았습니다. 해변 모래에 멍이 이름과 하트가 나란히 그려진 사진이었습니다. 잔잔한 바닷물 앞 새겨진 아이 이름 '멍이'라는 글자가 눈물이 나도록 예뻤습니다.

멍이에게 보내는 편지

사랑하는 나의 딸, 멍이야.

멍이가 떠난 지 곧 석 달이 되어 가. 겨울이 가고 봄이 오나 봐.

멍이가 여행하고 있는 그곳 날씨는 어떤지 궁금하다.

우리 아가가 너무 덥지도, 춥지도 않은 자유로운 그곳에서

즐거웠으면 좋겠어. 엄마는 하루하루 잘 버티며 보내고 있어.

멍이, 네가 없는 엄마의 삶이 얼마나 우울하고 공허한지…….

그래도 멍이를 그리워하는 마음 잘 붙잡고 견뎌내고 있는

엄마 자신이 참 기특해.

우리 멍이도 이렇게 노력하고 있는 엄마 보면서 응원해주고 있지?

너무 보고 싶다, 멍이야.

엄마는 7년이 짧지 않다고 생각했었는데

우리 멍이 보내고 나니깐 그때서야 너무 짧았다 싶더라.

아직도 엄마는 철들려면 멀었나 봐.

우리 멍이는 알고 있던 걸 엄마는 너무 늦게 깨달았어.

우리 딸 멍이가 준 가르침들 엄마가 소중히 기억할게. 고마워, 멍이야.

엄마가 우리 멍이 한두 살 때 잘 못 챙겨줘서 항상 미안해했던 거 알지?

이런 부족한 엄마 믿고 아낌없이 사랑해줘서 매일매일 고마웠어.

지금도 멍이에게 사랑받은 기억으로 엄마가 평생을 살 수 있는

힘을 얻고 있는 거 같아. 엄마는 참 복 받은 사람이라고 생각해.

세상 최고로 예쁘고, 착하고, 애교도 많고, 엄마를 너무 좋아해줬던

사랑스러운 우리 멍이를 만났으니깐!

엄마한테 와줘서 너무나 감사해.

지금까지 살면서 좋은 일 베스트 1위가 멍이를 만난 일이니까.

우리 멍이 1년 반 동안 엄마 믿고 힘든 치료 견뎌낸다고 너무 수고했어.

열심히 회복하려고 노력해주는 모습 보고 엄마도 멍이한테

많이 의지했던 것 같아.

아마 그래서 우리 멍이 치료 기간 동안 엄마가 그렇게 힘들다고

못 느꼈던 게 아닐까.

우리 함께 너무 수고했다.

다음에 다시 만나면, 우리 서로 꼭, 아주 꼭 껴안아주자.

다시 만나는 그날까지 행복한 시간 보내고 있어.

아가야, 그리고 엄마한테도 놀러와. 언제든지 놀러와!

(기록 7)

나의 보디가드 쿠키
치유 과정에서 일어나는 분노

이름: 김쿠키(코커스패니얼, 암컷, 15살)

애칭: 쿠쿠, 쿠순이

\#직장인 #삶의 의지 #세상에 대한 분노 #자신을 향한 분노
\#죄책감 #격렬한 감정 #절망의 얼굴 #동기 상실 #상실의 단계
\#객관화 #감정 #표출 #카타르시스 #치유의 과정
\#시간만 지나면 괜찮아진다는 오해 #회복되는 기회
\#안전하게, 그리고 충분히 표현하기 #수용의 때

까만 눈동자, 까만 코, 가만히 들여다보면

봄 햇살처럼, 여름 아침의 이슬처럼,

가을 낙엽의 소리처럼, 겨울 눈의 포근함처럼,

평온하고 아름답던 너의 얼굴이 가득 안긴다.

예쁜 갈색 털이 햇살에 비치울 때

나를 향해 달리던 너의 미소가 온몸과 마음에 안긴다.

착한 너의 얼굴을 하나도 잊지 않고,

따뜻한 너의 체온을 기억하며,

빛나는 너의 영혼을 가슴에 새기며,

하루만큼 너에게 가까이.

매일 하루만큼 더 사랑함을 약속하며,

내 곁에 없지만 내 곁에 있는 너에게…….

반려동물의 평생을 함께한 반려인들에게 반려동물은 '가족 그 이상'입니다. 김희영 님도 쿠키와 일생에 한 번 가질까 말까 할 정도로 매우 긴밀한 유대 관계를 맺고 있었습니다. 반려견 쿠키는 열심히 사는 동기이자, 자신을 지탱하는 힘이었습니다. 그런 쿠키가 떠나자 슬퍼하며 애도하는 동안 다양한 모습으로 분노가 찾아왔습니다. 분노의 대상에는 한계가 없어 가족, 친구, 직장 동료, 심지어 자기 자신, 그리고 매달렸던 신에게도 화가 나기 시작했습니다.

급식비를 빼돌려 데려온 강아지

어린 시절 지기를 죽기보다 싫어했던 난 자존심 센 외로운 아이였다. 경제적으로 어려운 환경에 부모님은 맞벌이로 바빴기 때문에 동생과 둘이서만 지내는 날이 많았다.

고등학교 3학년 열아홉 살에 학교에 낼 급식비를 빼돌려 강아지를 데려오기로 마음먹었다. 여름비가 추적추적 내리는 7월이었다. 시내 한복판에 멈춰 선 택시에서 한 여자가 내리더니 조그만 강아지를 내게 안겨주며 당부하듯이 말했다.

"자꾸 안아주면 버릇 나빠져요!"

들은 둥 마는 둥 강아지를 받아 안은 채 신이 나서 동생에게 바로 전화를 걸었다.

"강아지 왔어! 우산 갖고 빨리 데리러 나와!"

태어난 지 두 달 정도 된 강아지는 코커스패니얼종이었고 이름은 '쿠키'로 지었다.

데려온 지 얼마 되지 않아 쿠키가 갑자기 아무것도 먹질 않았다. 병원에 찾아갔더니 홍역에 걸려 입원해야 한다고, 심지어 폐가 점점 굳어가 안락사를 시켜야 할 수도 있다고 했다. 하루 입원비가 70만 원이라는 이야기를 듣고 그길로 쿠키를 안고 병원문을 나서는데 눈물만 나왔다.

'우리 집은 가난한데 저런 병원비를 어떻게 구해. 우리 쿠키 어떡하지. 어떻게든 살려야 해.'

동생과 집에 있는 모든 사발을 꺼내 물을 채워 방 안에 늘어놓았다. 폐가 굳어간다고 하니 습도를 높여주자는 생각이었다. 더운 여름날에 쿠키가 더울까 봐 선풍기 세 대를 모아 틀어주자, 쿠키는 조금씩 기력을 차리더니 2~3주가 지나자 아무 일도 없던 것처럼 멀쩡해졌다. 지금 생각해보면 참 이상한 일이다.

그해 대학 입시에 실패해 재수를 하게 되었다. 학원비가 없어 집에서 혼자 공부하기 시작했다. 아니, 사실 혼자는 아니었다. 공부하는 동안 항상 쿠키가 함께 있었다. 아침 9시에 일어나면 쿠키도 일어났고, 공부하고 있으면 무릎에 올라와 나란히 동영상 강의를 같이 듣고, 밥때가 되면 밥 먹고 다시 내 무릎 위에서 잠이 들고……. 종일 앉아 공부할 수 있게 만들어준 건 쿠키의 공이 컸다.

이듬해 서울에 있는 대학에 입학해 친척 집에 얹혀살면서 대학 생활을 시작했다. 그런데 본가에 두고 온 쿠키가 너무나도 그리웠다. 엄마가 준 용돈을 쓰지 않고 모아 매주 KTX를 타고 본가에 내려갔다. 쿠키를 조금이라도 빨리 보고 싶었다. 집 현관문을 열면 기다렸단 듯이 쿠키가 튀어나와 반겨주었다.

대학교 3학년이 되어 자취를 시작하면서 쿠키와 함께 살 수 있게 되었다. 쿠키에게 친구를 만들어주고 싶은 마음에 둘째 강아지 '대리'도 입양했다. 그렇게 셋이 살았다. 매일 함께 뚝섬 서울숲 공원을 새벽 3시까지 돌아다녔다. 강아지들 덩치가 크니 듬직해서 무섭지도 않았다. 쿠키와 대리는 점점 더 소중한 존재가 되었다.

조금만 기다려, 데리러 갈게

취업을 위해 임용고시 준비를 시작했다. 하루 종일 고시 공부에 매달려야 했다. 어쩔 수 없이 부모님 집에 쿠키와 대리를 맡기고 노량진 고시원에 들어갔다. 가난에 쪼들려 주머니를 털어 긁어모은 동전으로 식사를 하곤 했다. 엄마에게 돈 달라고 하기도 미안했던 시절이었다. 그 당시 내 나이 스물예닐곱이었다.

고시원에 혼자 있으면 아이들이 보고 싶었다. 식비를 아껴 동전을 모아 차비가 모이면 그길로 천안 집으로 달려갔다. 공부는 내팽개치고 달려왔다고 혼날까 봐 부모님에게는 아무 말 없이 갔다. 노량진에서 천안까지 지하철로 두 시간. 그렇게 만난 쿠키와 대리를 끌어안고 얼마나 울었는지 모른다. 그러고 나서는 또 고시원으로 떨어지질 않는 발걸음을 돌려야 했다.

'애네들을 위해서라도 내가 진짜 열심히 해야지!'

그렇게 마음을 다잡고 정말 독하게 공부했다. 고시 4수를 했는데, 마지막 2년은 아이들이 너무너무 보고 싶었다. 고시원 책상 위에 쿠키와 대리 사진을 붙여놓고 힘들 때마다 사진을 보며 다짐했다.

'조금만 기다려. 반드시 데리러 갈게.'

5년 고시 공부 끝에 마침내 임용고시에 합격했다. 경기도 포천에 위치한 학교로 발령이 났다. 발령이 나자마자 쿠키와 대리를 데려왔다. 함께 살면서 더없이 큰 행복을 느꼈다. 그 당시 쿠키 나이가 열 살이었다.

쿠키에게 잘해야겠다는 생각으로 어디든 데리고 다녔다. 포천의 북부는 겨울에 눈이 정말 많이 쌓였다. 쿠키를 눈밭에 풀어놓으면 눈에서 수영하듯 헤엄쳐 다녔다. 우리는 봄과 여름에는 벌판을 달리고, 가을이면 낙엽을 밟고, 겨울이면 눈밭을 헤치고 높은 산도 탔다. 매일 새벽 아이들과 뒷산의 약수터에 가서 산책했다. 같이 일하

는 선생님께서 길에서 나를 보곤 큰 개 두 마리를 끌고 다니는 모습이 영락없는 영화 〈벤허〉의 한 장면이라고 놀렸다. 놀리는 말인데도 정말 행복했다.

오늘 밤만 살려주세요

결혼을 앞두고 남편 본가인 수원으로 내려오니 쿠키가 아프기 시작했다. 쿠키는 어느새 열다섯 살, 사람 나이로 치면 여든이 넘어 있었다. 이제야 여유가 생겨 좋은 사료와 필요한 것들을 제대로 해줄 수 있게 되었는데……. 내가 공부하는 동안 쿠키는 값싼 저급 사료를 먹고 있었다.

쿠키가 유선종양 수술을 받고 폐수종으로 입원해 응급 상황이 왔다. 병원 바닥에 드러누워 울었다. 이렇게 못 보낸다고, 보낼 수 없다고, 제발 오늘 밤만 살려달라고 빌었다. 그렇게 병원을 찾아다니다가 쿠키는 세상을 떠났다. 처음 내게 온 날처럼 7월 비 내리는 날이었다. 쿠키가 그날 그렇게 빨리 갈 줄은 몰랐다. 언젠가 헤어져야 한다는 걸 알고 있으면서도 보낼 준비가 되어 있지 않았다. 아이가 죽었다는 사실을 인지하자마자 내 뺨을 막 때렸다. 그 이후로 무슨 정신이었는지 모른다. 내 의지로 움직이는 것이 아니라 흡사 로봇이 움직이는 것 같았다.

쿠키를 화장할 때 계속해서 주문처럼 되뇌었다.

"우리 아가 날아가, 훨훨 날아가. 엄마 괜찮아. 엄마 우는 거 신경 쓰지 말고 우리 아가 훨훨 날아."

화장한 단지를 품에 안는 순간 미칠 것 같았다. 그때부터 다음 날까지 기억이 없다. 그 뒤로 아무 생각없이 엄청나게 먹기만 했다.

'내가 쿠키를 따라 죽는다면 우리 엄마 아빠한테도 불효하는 거 겠지.'

'강아지 따라 죽으면 사람들이 욕하겠지.'

내가 잘 살지 않으면 사람들이 우리 쿠키를 탓하겠지 싶었다. 어떻게든 살아야 하니까 살았는데 점점 정신이 이상해지는 것만 같았다. 너무나 공허했고 쿠키가 진짜로 없다는 걸 인식하면서 어찌할 줄을 몰랐다.

직장과 세상에 대한 분노

쿠키는 운전할 때 옆자리에 태우면 동상처럼 가만히 앉아 있던 아이였다. 그런데 죽기 일주일 전부터는 그렇게 내 무릎 위에 앉으려 했다. 쿠키를 안고 운전하며 〈섬집 아이〉 노래를 불러주었다. 병원에 오가는 길이었다.

"엄마가 섬 그늘에 굴 따러 가면~ 아기는 혼자 남아 집을 보다가~ 바다가 불러주는 자장노래에~ 팔 베고 스르르르 잠이 듭니다……. 쿠키야, 우리가 이길 거야. 엄마가 너 살릴 거야. 너 아무도 못 데려가."

나한텐 아기가 아픈 거나 마찬가지였지만 아무도 이해하지 못했다. 직장은 키우는 개가 아프다고 조퇴할 수 있는 곳이 아니었다. 게다가 고등학교 3학년 담임을 맡고 있었다. 수험생 아이들이 있으니 아무리 힘들어도 학교 밖으로 나갈 수 없었다. 쿠키는 숨이 가쁘고 힘이 없는데, 나는 학교에 가야만 했다. 아침에 집을 나설 때면 한 번도 그런 적 없던 애가 자꾸 문 앞에 서서 나를 쳐다봤다.

'엄마, 가지 마.'

"빨리 돌아올게, 미안해"라고 말하며 매일 울면서 출근했다.

울화가 치밀었다. 선생님이 되려고 5년을 고시원에서 동전을 털어 컵밥만 먹으며 공부했다. 결국에 가장 소중한 존재가 사라지게 생겼는데도 학교에 가야만 하다니. 학생들 앞에서 웃어야 하고, 다른 선생님들 앞에서 이야기조차 하지 못하고 꾸역꾸역 급식을 먹는 척해야 했다. 고통스럽고 화가 솟구쳐 교무실에서 혼자 욕설을 퍼부었다.

7월 28일 쿠키가 떠나고 짧은 여름방학 동안 미친 사람처럼 지냈다. 그리고 바쁜 8월과 9월을 견뎠다. 8월, 9월은 고3 학생들이 대학교 수시 지원서를 작성하는 기간이라 학교에서 살다시피 해야 했다. 알 수 없는 분노와 무기력함이 몰려왔다. 내 삶은 도대체 무엇을 위해 이렇게까지 달려왔나. 바쁜 수험 기간이 끝나면 쿠키에게 해주려던 것들이 많았다. 노령견을 위한 공부도 하고 자연식도 해주려고 했다. 해줄 수 있는 일들이 산더미처럼 쌓여 있는데, 내 새끼만 없었다. 모든 것이 너무나도 미웠다. 세상이 망해버리고 운석이라도 떨어져 다 없어져 버렸으면 싶었다.

나를 향한 분노

직장에서 격해진 감정을 추스르기가 너무 힘들었다. 아무도 없을 땐 화장실로 가서 울었다. 쿠키가 떠난 후로는 출근 전 화장을 전혀 하지 않았다. 출근하려고 차 운전대를 잡으면 제일 먼저 슬픈 음악을 틀었다. 수백 번도 넘게 들었을 음악에 꺼이꺼이 목놓아 울며 쿠키의 이름을 불렀다. 얼굴이 엉망이 되어도 상관없었다. 그러다가 학교에 도착하면 아무렇지도 않은 것처럼 일하고 하루를 보냈다. 그리고 퇴근길에 다시 그 음악을 틀고 흐느끼며 집으로 돌아갔다.

 3개월 내내 그렇게 지냈다. 속이 얹힌 것처럼 울렁거렸다. 쿠키가 24시간 머릿속에 안착되어 있지만 다른 사람들에게 매일 그 이야기를 할 수는 없었다. 매일 꺼낼 수 없음에 아이가 더더욱 보고 싶었다.

지푸라기라도 잡는 절박한 심정으로 펫로스 프로그램에 참석했다.

"처음엔 제 동생이었지만 이제는 제 딸이에요. 내 아이요. 아이가 나이 들어서 책임감을 더 갖기 위해 '엄마'로 호칭을 바꿨어요. '쿠키야' 부르던 이름을 장례 증명서에 처음으로 '김쿠키'라고 적었어요. 내 성을 붙인 '김쿠키'요. 사람들은 나이 먹고 잘 떠났다고 하지만 저에겐 너무나 아쉬운 아이예요. 이렇게 보내다니 분노가 마구 올라와요. 이제 행복하게 해주려고 했는데……."

온전하게 쿠키 이야기를 하고, 온전하게 쿠키를 떠올리고……. 그것이 허락된 시간이었다. 어디든 가만가만 따라다니던 아이. 아무리 괴로워도 '끙' 소리 한 번 내지 않던 나의 쿠키. 있는지 모를 만큼 조용한 아이였는데 어째서 이렇게나 할 말이 많은지 모를 일이었다. 펫로스 서클에 있으면 안도감이 들었다. 억누르고 있던 걸 토로하고 카타르시스를 느꼈다. 오랜만에 내 아이를 만난 것 같았다.

주변 사람들이 건강을 위해 까맣게 탄 고기나 컵라면을 먹지 말라고 조언하면 '먹어서 죽으면 어때. 너희는 오래 살아라. 난 빨리 죽을 거니까' 하고 비관적으로 생각했다.

늦가을, 날이 좋은 날 둘째 대리를 데리고 남편과 산책하며 커피를 사 마셨다. 나중에 우리 쿠키 다시 태어나면 낙엽 많이 밟게 해주자, 말하며 농담도 했다. 웃으며 도로변을 지나는 찰나 돌연 느닷없는 생각을 했다.

'저 트럭이 달려와 나를 치어 죽여줬으면…….'

밖에서 대리와 놀고 있는 좋은 순간에도 불현듯 이대로 펑 하고 세상에서 사라지고 싶다는 생각이 자주 들었다. 주위에서는 내가 이제 나아지고 있구나 생각했겠지만 죽지 못해 사는 내 자신이 미울 뿐이었다. 그때는 그런 자기 파괴적인 생각이 나를 지배하고 있었다. 매일 쿠키에게 편지를 썼는데 그동안 썼던 편지를 읽어보면 죄다 그런 내용이었다.

'꿈에 좀 나와. 아무 데도 가지 마. 다시 돌아와.'

내 자신이 경멸스러웠다. 아이만 행복하면 나는 괜찮다고 생각했는데, 그게 아니었다. 사실 나를 위해 보고 싶은 것이었다. 쿠키에게 완벽한 사랑을 줬다고 생각했고 잊지 않을 거라 여겼지만 그것도 모두 틀렸다. 그러면서 나 스스로가 무척 미웠다. 나도 어쩔 수 없는 인간이구나. 참 한심했다.

변화와 인식

상담 선생님의 조언대로 할 수 있는 건 빠짐없이 했다. 상담받고, 커뮤니티 활동에 참여하고, 편지를 쓰고, 예전 병원의 의사 선생님에게 전화해 하소연하고, 명상도 해보았다. 무엇이 어떻게 도움이 된 것인지는 모르지만 변화가 생겼다. 슬펐다가도 도중에 다른 생각을 하는 게 가능해진 것이다. '잠깐만, 이거 해야겠다' 하고 다른 곳으로 주의를 돌리면 쿠키 생각을 잠시 멈출 수 있었다. 눈물이 나고 감정이 복받치는 건 여전했지만 일하거나 TV를 보며 잠시 잊는다는 것은 나에게 큰 변화였다.

이런 변화가 서글프기도 했다. 지난 15년 세월이 희미해지는 걸까. 이제 모든 것이 옛날이야기가 되어가는 걸까. 열아홉 고등학생이 삼십 대 중반이 되는 시간 동안 우리 둘은 하나가 되었다. 쿠키가 떠나고 쿠키의 죽음에 늘 짓눌렸다. 어디에서 무엇을 하든 쿠키가 죽었다는 사실이 지배했다. 쿠키의 죽음에 내 인생 100퍼센트가 달린 줄 알았는데 조금 바뀌었다. 생각을 차단하는 능력과 다른 일에 집중하는 순간들이 생겼다.

쿠키는 내 인생에서 가장 다이내믹한 시절을 버티게 해주었고 집이 얼마나 따뜻한 공간인지를 알려주었다. 그러나 개인상담을 통해 쿠키와 나는 다른 존재라는 걸 인식했다. 그렇다, 분명히 우리는 별개의 존재였다. 이 인식은 변하는 현실을 인정하지 않으려는 나를 자극했다. 내 상황이 객관적으로 보이기 시작했다. 내 감정의 뿌리와 쿠키의 부재가 결합되어 고통스러운 환경에 놓인 것이 보였다. 언젠가 쿠키가 없을 거라는 생각만 해도 두려웠다. 정말로 쿠키가 떠나고 나서는 무서웠다. 쿠키 없이 앞으로 어떻게 살아야 하나.

나의 보디가드, 나의 나침반

쿠키는 나라는 사람에게 커다란 존재였다. 급식비를 빼돌려 데려온 쿠키는 외로운 우리 남매에게 소중한 막냇동생이 되었다. 당시 반에서 공부로는 끝에서 엎치락뒤치락하는 고등학생이었다. 그런데 쿠키를 만난 후 이렇게 살아서는 이 아이를 잘 키울 수 없을 것 같았다. 그때부터 '나도 좋은 사람이 돼야겠다. 직업을 가져야겠다'고 마음먹었다. 고등학교 3학년 여름부터 미친 듯이 공부하기 시작했다. 그렇게 15년 세월이 쏜살같이 지나갔고, 고등학교 3학년일 때 찾아온 나의 작은 강아지는 내가 고등학교 3학년 담임을 맡고 있을 때 떠나갔다.

쿠키와 나는 보디가드와 연예인 같은 관계였다. 내가 철부지처럼 무슨 짓을 해도 뒤에서 나를 지켜줬다. 나를 바라보는 쿠키의 눈빛이 말했다.

'내가 다 믿어줄게.'

쿠키를 보내니 언제나 내 편이었던, 늘 든든하게 받쳐준 지원군 같은 뒷배가 세상에서 사라진 듯했다. 뒤늦게 그 은혜를 깨달았다. 이 보디가드가 나에게 얼마나 많은 희생을 했고 내 인생에 나침반이 되어 이끌어줬는지를. 여기에 이르기까지 줄곧 쿠키의 얼굴을 보면서 어느 방향으로 가야 할지 찾고 걸어왔다. 지금도 쿠키를 바라보며 찾아가고 싶다. 항상 그랬던 것처럼.

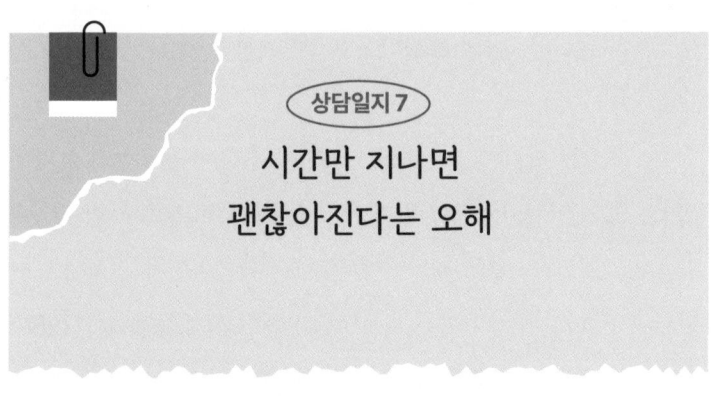

상담일지 7
시간만 지나면 괜찮아진다는 오해

반려동물의 평생을 함께한 반려인들에게 반려동물이란 '가족 그 이상'입니다. 그들의 이야기를 듣다 보면 때로는 교감에 감탄하고 때로는 절절함에 가슴이 먹먹해집니다. 반려동물 사별자들을 만나면 반려동물과의 유대 관계를 유심히 살핍니다.

어떤 사람과 반려동물 사이는 일생에 한 번 가질까 말까 할 정도로 무척이나 두텁고 끈끈한, 매우 긴밀한 유대를 맺고 있습니다. 이런 반려동물의 죽음은 삶의 중대한 시절이 끝났음을 의미합니다. 다시 말해, 개인의 역사를 상실한 것입니다. 이는 자아의 근본적인 문제로 이어집니다. 김희영 님도 그러했습니다. **반려견 '쿠키'는 열심히 사는 동기이자, 자신을 지탱하는 힘이었습니다.** 쿠키가 떠나자 이제 살아갈 이유를 잃어버린 셈이었습니다. '제발 살려달라'고 빌며 병원 바닥에 누워 울던 이야기를 하는 김희영 님의 푸석한 얼굴이 못내

가슴 아팠습니다.

"시간이 약"이라는 말은 시간이 지나면 문제가 해결되고 괜찮아진다는 뜻이 아닙니다. 시간만 흐른다고 자동으로 모든 것이 정리되거나 회복될 리는 없습니다. 상실로 인한 중간 과정을 건너뛰고 아픔이 저절로 아물진 않습니다. 시간은 과정을 실제로 해나가기 위해 주어진 기회로, 그 기회를 잘 사용해야 합니다.

시간을 살아내며 상실의 단계를 거칩니다. 상실의 단계 진행에 따라 수행해야 하는 절차와 과제가 있습니다. 이를 회피하지 않고 잘 밟아나갈 때 '충분히 슬퍼하기'와 '성숙한 애도'라 일컫는 과정이 가능해집니다. 죽음에 당면해 거쳐야 하는 단계 및 과제에 대해서는 학자에 따라 조금씩 견해 차이가 납니다. 가장 대표적으로 소개되는 것은 분열, 분노, 협상, 절망, 수용의 5단계입니다. 이 과정은 한 번에 끝나는 것이 아니라 여러 번 거듭됩니다. 죽음 충격에 대한 최초의 반응은 분열적이어서 무엇인가 잘못되거나, 꿈을 꾸고 있거나, 현실에서 분리되어 떨어져 나온 것만 같습니다. 분노는 죽음과 슬픔, 그리고 세상에 대한 절망의 얼굴입니다.

분노는 치유의 과정에서 일어납니다. 꺼지지 않고 끓는 분노는 상담실에서 빈번히 등장합니다. 아이의 죽음은 참으로 바라지 않은 일이며 결코 원한 바가 아닙니다. 도무지 감당할 수가 없습니다. 이 분노는 사랑하는 반려동물 사별에 있어 자연스러운 반응입니다. 슬퍼하고 애도하는 동안 분노는 다양한 모습으로 찾아옵니다.

분노는 치유의 과정에서 일어납니다

김희영 님도 쿠키를 떠나보내며 강한 분노가 일어났습니다. 고등학교 담임 교사인 김희영 님은 7월 말 장례를 치르고 바로 고3 학생들의 대학 입시 기간에 돌입합니다. 아이가 아팠을 때부터 제발 여름만 넘기자고 그 이후까지만 살아달라고 얼마나 바라고 기도했을지요. 치열한 입시 기간 내내 내색하지 않으려 애쓰며 어떻게 일을 해냈을지 신기한 일입니다.

언제나 변함없이 나를 바라보던 아이가 사라지고 이 세상에 혼자 남겨졌습니다. 일터에서 '난 일하는 기계'라 되뇌며 이를 악물었습니다. 바쁜 시기만 넘기면 해주려 했던 것들이 도처에 널려 있었습니다. 해주지 못한 것들이 한스러웠고 미래를 박탈당했다는 사실에 분노했습니다. 사람들과의 관계는 일그러졌습니다.

'왜 지금인 거야! 내 새끼가 죽었는데 나는 일이나 계속하고 있다니!'

무력한 분노가 올라왔습니다. **분노의 대상에는 한계가 없습니다.** 직장, 질병, 병원, 친구, 가족, 불공평한 삶, 자기 자신, 그리고 믿고 매달렸던 신에게도 화가 납니다.

대개 사람들은 사랑하는 반려동물이 세상을 떠나면 죄책감을 경험합니다. 그것은 자신을 향한 분노의 모습이기도 합니다. 안팎을 넘나드는 분노의 화살이 자신에게 겨누어집니다. 이 상황이 모두 내 탓인 것 같습니다. 내가 무지했던 것, 놓친 것, 죽음을 막을 수 없던 것, 해주지 못한 것, 아이보다 다른 일을 우선시했던 것…….

김희영 님도 해로운 음식을 굳이 마다하지 않는 방식으로 자신을 벌해왔다는 이야기를 들려주었습니다. '될 대로 되라지. 빨리 죽지 뭐.' 그런 자기 자신이 이상하게 느껴지고 이해가 가지 않을 수 있습니다. 분노에 대해 이것이 합리적인가 또는 타당한가 질문할 필요는 없습니다. 분노는 논리적인 모습으로 드러나지 않기 때문입니다. 김희영 님의 경우처럼 스스로 벌을 주는 형태로 나타나는 식입니다. 몸에 좋지 않은 일에 개의치 않고, 편히 쉬거나 새로운 물건을 장만하거나 돈 쓰는 것을 꺼립니다. 별생각 없이 있다가 잠시 웃는 자신을 자책합니다. 자신을 돌보지 않고 스스로 인색하게 굽니다.

"솔직히 아이를 따라가고 싶어요. 살고 싶지 않아요."

펫로스 상담에서 많은 사람이 고백처럼 털어놓곤 합니다. 이것은 우울장애나 자신에 대한 무가치함과 구분됩니다.

회복되는 기회

우리는 억제하거나 회피하는 방식으로 분노를 대하는 경우가 많습니다. 우리 사회에서는 분노, 슬픔, 허무와 같은 감정을 부정적으로 여기는 경향이 있습니다. 상실에 따르는 현상 앞에서 당황한 나머지 빨리 처리되길 요구합니다. 감정을 피하거나 얼른 빠져나오는 것을 성숙함이라 오해하고, '극복'이라는 기준에 부합하는 모습을 보일 때 안심합니다. 하지만 아물지 않은 상처는 아플 수밖에 없습니다.

상실의 격랑을 헤쳐 나가며 주변 사람들과 멀어지기 쉬운데, 사별한 사람의 상태를 비난하거나 축소하는 '상처 주는 위로'를 겪은 경우라면 더욱 그렇습니다. 반려동물이 떠나버린 것에 분노하는 사람에게 지나치다고 말하는 식입니다. 정작 가장 외로울 때 사회관계망 밖으로 밀려나는 것입니다.

익숙하게 받아들인 메시지는 자기도 모르게 자동으로 작용하기도 합니다.

'이제 그만하면 됐어. 멈춰야 해. 이렇게 감정적인 건 옳지 않아.'

또 다른 목소리도 이어 고개를 듭니다.

'다른 사람들은 멀쩡한 것 같아. 다들 잘 극복하잖아. 허우적대는 내 꼴 좀 봐.'

상실의 단계를 빨리 지나가자고 자신을 재촉합니다. 그러나 드러

내지 않으면 회복되는 기회도 놓쳐버립니다. 이것들이 바로 시간이 지나 괜찮아진 줄 알았지만 실은 아니더라, 흔히 이야기하게 되는 큰 이유입니다.

분노 아래에는 고통이 있습니다. 분노 아래로 내려가면 상실에 대한 슬픔, 외로움을 만납니다. 분노는 강렬해서 동시에 다른 감정이 잘 느껴지지 않을 수 있습니다. 솟구치는 화를 허용하고 밖으로 꺼내다 보면 숨겨진 또 다른 감정들을 발견하게 됩니다. **심리적으로 분노는 '저항의 힘'이라고도 부릅니다.** 자신이나 타인을 크게 해치지 않으면서 분노를 꺼낼 적절한 방법을 찾는 것이 필요합니다. 혼자만의 공간이 필요할 수도 있습니다.

안전하게, 그리고 충분히 표현할 것

제가 특별히 중점을 두는 것 중 하나는 치료 요인이 활성화되는 애도 환경을 조성하는 일입니다. 펫로스 프로그램에서는 감정을 자연스럽게 표출하도록 격려합니다. 감정을 꺼내기 망설이거나 압도되어 경직되더라도 괜찮습니다. 시도와 용기를 환영합니다. 사별자들은 서로의 감정을 평가하지 않습니다. 빨라지는 말, 오열하는 모습이 부끄럽지 않고 굳이 가라앉히려고 하지 않습니다. 저도 감정 표출을 그대로 지켜봅니다. 때로는 눈물이 차오르고 가슴이 터질 것 같습니다.

그때의 저는 목표를 향해 가는 치료자가 아니라 그저 함께하는 사람으로 있습니다. 사별자들은 든든한 조력자이며 치유자들입니다. 서로의 증인이고, 서로를 의지해 살아갈 힘을 냅니다. 이 안전함은 고통스러운 이들에게 너무나 절실합니다. **반려동물과 사별하고 슬픔에 잠긴 사람들에게 무엇이 필요한가 하는 물음에 빠트릴 수 없는 답변은 '안전하게, 그리고 충분히 표현할 수 있는 것'입니다.**

오지 않기를 바랐던 상실의 때에 당도했고 고통은 예상보다 거칩니다. 망연자실한 상태로 화가 납니다. 이런 감정의 강도는 잃어버린 사랑만큼 세기도 합니다. **고통 속에서 빠져나갈 수 없을 것 같고 끝나지 않을 것처럼 느껴져 더 괴롭습니다. 그러나 고통은 가라앉고 상실은 다시 모습을 바꿉니다.** 사랑하는 이를 잃은 사람들이 이내 말합니다.

"힘든 게 끝나는군요. 수용의 때가 오는군요."

쿠키에게 보내는 편지

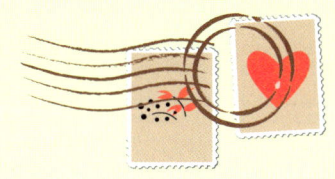

사랑하는 내 딸에게 보내는 가장 멋진 편지.

아가, 쿠키야, 예쁜 천사.

세상에서 가장 예쁜 눈과 영혼을 가졌던 너를 보낸 지 석 달이 다 되어가.

너와 함께했던 시간 동안 엄마가 쿠키에게 주었던 사랑보다 더 깊고 진한

사랑을 이제야 이렇게 쏟아내는 것이 미안하고 또 미안해, 아가야.

착하고 귀한 내 새끼, 다른 하늘 다른 시간 안에 네가 꼭 있음을 알기에

엄마는 오늘 이 시간까지 치열하게 버티고 있단다.

15년 동안 의심 없이 내 인생의 가장 빛나는 보석이었고

가장 소중한 존재였던 너이기에 이렇게 흐르는 시간이 무색하리 만큼

쿠키에 대한 그리움이 자꾸만 쌓여서 때로는 마음이 많이 아프기도,

때로는 아주아주 고통스럽기도 해.

그래서 또 미안해, 쿠키야.

용감하고 씩씩하던 내 딸 모습을 기억하면서

엄마는 이렇게 자꾸만 무너지는 것이 미안해.

밝고 힘차던 내 딸 쿠키를 기억하면서

질병 앞에 스러져가던 널 더 자주 떠올린 것도,

슬픈 기억이 행복한 기억을 자꾸 가리우는 것도 미안해, 쿠키야.

엄마는 쿠키에게 미안하다는 말을 사실 수백, 수천 번 더 할 수 있는데

그래도 아껴두려고.

엄마가 "쿠키야, 미안해" 하면 너 있는 그곳에 노란 꽃이 피고,

"쿠키야, 고마워" 하면 파란 꽃이 피고,

"쿠키야, 사랑해" 하면 빨간 꽃이 핀다고 하더라.

우리 아가 있는 세상이 온통 노란색이면 안 되니까

파랗고 빨간색으로 알록달록 예쁘게 만들어줄게.

엄마가 오늘은 쿠키에게 가장 멋진 편지를 쓰려고 세어보니

이제 예순아홉 번째 편지더라.

지금쯤이면 내 새끼 지내는 세상이 알록달록 멋지려나?

쿠키가 떠나고 갑자기 할 일이 없어져버린 엄마가

널 위해 할 수 있는 마지막 일은

우리가 다시 만나면 네 손 꼭 잡고 이 편지들을 밤새 읽어주는 거야.

곁에 없지만 늘 곁에 있는 쿠키에게 매일매일 간절히 사랑 고백을 하면

어느 신이든 천사든 꼭 우리 이야기를 들어주실 거라 믿고 있단다.

너를 빼앗은 잔인한 여름이 지나고 이곳은 벌써 가을인데,

낙엽 부스러지는 소리를 참 좋아한 내 딸.

엄마와 함께한 평범한 가을날이 너무 그리워 슬프진 않니?

비록 엄마가 서글픔과 그리움 속에 산다고 해도

너만은 행복함과 기쁨 속에 살기를 간절히 바란단다.

그래서 엄마도 그리움은 한 손에 꼭 쥐고 낙엽 밟으며 뛰어가던

예쁜 너의 뒷모습을 자꾸 떠올리고 그려보는 중이야.

오늘따라 유난히 보고 싶은 네 얼굴을 떠올려봤어.

사랑하는 아가, 쿠키야. 이제는 두렵지 않게, 아프지 않은 그곳에서

행복하게 있어줄래?

엄마가 용감하게 이 그리움과 슬픔을 생에서 털어내는 동안,

너만은 늘 행복 속에서 지내야 한다.

너무나 보고 싶다.

네가 너무 보고 싶고, 보고 싶고, 또 보고 싶다, 쿠키야.

아가야, 내가 쿠키 엄마니까 당연히 우리 사랑 잘 지키며 견딜게.

엄마니까 그렇게. 사랑하는 내 새끼.

매일매일 네 곁에 있을게. 그리고 매일매일 사랑할게.

우리 다시 만나면 알록달록 예쁜 꽃밭에서 손 꼭 잡고

그때부터는 절대로, 다시는 헤어지지 말자. 알겠지?

용기 내, 아가. 힘내, 쿠키야.

오늘도 하루를 꽉 채워 너를 사랑했단다. 어제보다 더 많이.

그리고 약속해.

내일은 오늘보다 더 많이 쿠키를 사랑함을

엄마가 약속할게. 사랑한다. 잘 자렴, 내 딸…….

> 기록 8

무한한 신뢰와 사랑, 인생의 가르침을 준 나의 작은 새

이별 예식과 유품

이름: 테르(왕관앵무새, 암컷, 12살)

애칭: 뚱띠

#반려조 #신뢰와 사랑 #나의 선생님 #가르침 #현실에 충실
#두 번의 장례 #매장에서 화장으로 #이별 예식 #의례
#반려동물의 안식 #유품 #자취 #흔적의 소중함
#인식되지 않는 슬픔 #외로움 #공감

테르는 무엇이든 털어놓을 수 있는, 나를 있는 그대로
이해해주는 존재였다. 사랑하는 대상이자 닮고 싶은
선생님이었다. 내게 무한한 신뢰와 사랑, 인생의
가르침을 주었다. 내 인생에서 테르는 진정 멋진
아이였다! 테르가 사람이었다면 정말 좋아했을 거라
확신한다. 우리는 항상 서로를 지켜보고 있었다. 나에게
중요한 이 존재를 한결같이 기억하고 싶다.
테르가 죽었다고 해서 테르가 나쁜 기억이 되지 않게.
테르는 항상 현실에 충실했으니까 나도 지금 이 상황에
충실하고 싶다.

테르는 이윤진 님이 동물을 돌보기에 서툴렀던 어린 시절부터 인생 대부분을 같이하며 매일을 특별한 날로 만들어주었습니다. 욕심 없이 자신만의 세계를 즐기고 신성한 기운을 가진 테르에게 흔들림 없는 삶의 자세를 배웠죠. 함께한 12여 년의 시간이 흘러 매일 방 안에 울리던 맑은 새 소리가 들리지 않게 되었습니다. 자연으로 되돌려 보내기 위해 매장했으나, 흙으로 돌아가기 어려운 장소였기에 다시 꺼내 화장을 했습니다. 하지만 이 결정이 자신의 편의를 위한 건 아니었을지 고민하고 있었습니다.

왕관앵무 테르

'테르'는 부드럽게 번진 노란빛과 따스한 연회색 깃털에 빛나는 주황색 볼을 가진 왕관앵무새다. 왕관앵무새는 30센티미터 정도의 중소형 앵무새로, 머리 위에 왕관 모양으로 솟아나는 깃에서 '왕관앵무'란 이름이 유래했다. 이 왕관은 앵무새의 감정 상태를 드러내는 마법 같은 장식이기도 하다. 위협을 느끼면 왕관 깃털을 세우고, 안정감을 느끼면 왕관 깃털을 내린다.

내 곁에 있을 때 테르의 왕관은 언제나 평온히 내려가 있었다. 내가 찍은 테르의 사진을 엄마가 보고는 왕관 깃이 일체 내려가 있는 모습에 놀라워했다. 테르가 다른 사람들 앞에서는 항상 그 왕관을 뾰족하게 세우고 경계하는 모습을 보였기 때문이다.

새장 안에서도 테르는 혼자 시간을 잘 보냈다. 발과 부리로 새장의 벽, 지붕 구석구석을 누비다가 거꾸로 매달려 날갯짓을 하며 날개 운동을 했다. 횃대에 서서 잠들었다가 깨어나면 똑바로 선 채 한쪽씩 날개 스트레칭을 했는데 움직임 하나하나 조심스럽고 신중했다. 일과 중 하나인 깃털 고르기를 하는 모습은 매우 우아했다.

테르는 많이 울지도 않고 대화할 때만 목소리를 냈는데 깊은 곳에서 울려 나오는 그 소리는 무척이나 청명했다. 현관문 비밀번호를 누를 때마다, 그리고 자신이 있는 방으로 걸어갈 때마다 예쁜 목소리로 나를 불렀다. 걸음 소리만으로도 누구인지를 알아채는 것이었다.

보통 새들은 과일이나 채소를 잘 먹지만 테르는 물기 많은 음식은 입에도 대질 않고, 주식인 알록달록한 펠렛과 곡물, 해바라기 씨, 삶지 않은 마른국수 같은 과자 간식을 선호했다. 그 작은 몸으로 하품도 하고, 방귀도 뀌고, 꾸르륵 소리도 내고, 재채기도 했다. 재미있게도 음악 소리에는 리듬에 맞춰 몸을 끄덕여도 내 재채기 소리엔 깜짝 놀라기 일쑤였다. 창문 밖을 내다보길 좋아하는 테르는 이따금 생각에 잠겨 일몰을 바라보는 듯했다.

안녕, 나의 작은 새

테르와의 첫 만남은 중학교 3학년 때였다. 당시 동생이 청계천에서 어린 새 두 마리를 데려왔다. 동생은 그들에게 '소라'와 '테르'라는 이름을 지어주었다. 그중 '테르'라 불리게 된 새는 나를 더 따르게 되어 내가 도맡아 키우게 되었다. '뚱띠'라는 애칭으로 불렀는데 테르는 "뚱띠야" 하는 나의 부름에 언제나 답했다. 동생은 그 이후로도 여러 새를 데려와 가족으로 맞았지만 테르가 가장 오랜 시간인 12년을 나와 함께했다.

어린 새들은 이유식을 먹는다. 미온수에 곡물을 섞어 만든 이유식을 주사기로 먹이면 아직 깃털이 자라지 않아 먹는 대로 투명한 배가 부풀어 오르는 게 보였다. 처음에는 새에 대해 아는 것도, 별달리 인식도 없었기 때문에 그저 사료와 물만 주었다. 매일 물을 깨끗이 갈아줄 줄도 몰랐고, 맛있거나 영양가 있는 음식을 따로 챙기지도 않았다. 테르와 나는 같이 성장했다. 테르에게 고마운 것 중 하나는 내가 성장하면서 '돌본다'는 개념이 생겨 테르를 잘 돌볼 수 있도록 오래 곁에 있어준 것이다.

처음 몇 년간은 털이나 가루가 날린다고 새들을 집 베란다에서 키웠었다. 한겨울과 여름에는 실내로 데려오긴 했지만 지금 생각하면 춥고 더운 날씨에 위험한 일이었다. 특히 왕관앵무는 호주에서 온 품종으로 추위에 약하다. 아예 방 안으로 들여온 건 대략 7년 전이었다. 고등학생 때는 학업과 친구들과의 약속으로 바빴기에 테르와 많은 시간을 함께 보내지 못했다. 그때의 나는 어렸다. 예전으로 돌아갈 수 있다면 그때와 다를 것이다. 정작 테르는 싫어하거나 서운한 티를 내는 일이 없었다. 내가 같이 있으면 매우 좋아했지만 혼자 있을 때도 아주 잘 지냈다.

왕관앵무새는 사람뿐 아니라 물건도 경계한다. 어린 테르는 장난감을 사줘도 거리를 뒀다. 대신 주위의 솜이나 종이 같은 것들을 좋아했다. 면봉을 잘근잘근 씹고, 책을 물어뜯고, 휴지까지 갉아먹었다. 내 손으로는 풀리지 않는 엉킨 머리끈을 테르에게 주면 씹어서 매듭을 풀어냈다. 이 매듭 풀기는 테르가 나이가 들면서 흥미를 잃은 탓에 아주 가끔 볼 수 있게 되었다.

무한한 신뢰와 사랑을 주는 성인군자

테르는 낯을 많이 가렸지만 나는 가족으로 받아주었다. 소라가 사고로 하늘나라에 갔을 때, 나를 가장 잘 위로해준 것도 바로 테르였다. 장난스럽고 활발한 왈가닥이었던 소라는 집에 온 지 1년 만에 세상을 떠났다. 소라를 묻어주고 온 날, 새가 울 수 있다는 걸 처음으로 알았다. **슬픔에 잠겨 테르를 안고 울고 있는데 테르도 눈물을 흘리면서 우는 것이었다.** 새의 눈물을 보았다고 하면 믿을 사람이 몇이나 되겠는가! 그 후로 그런 모습을 다시는 보지 못했다.

그 사건 이후 테르는 줄곧 매사에 초연한 모습을 보였다. 한번은 내가 사용한 반창고가 그만 테르의 깃털에 달라붙어 버렸다. 달라붙은 반창고는 쉽게 떨어지지 않아 테르는 고통스러워했다. 그럼에도 불구하고 테르는 나를 용서해주었다. 동물이라 상황을 모르거나 지능이 낮아 빨리 잊어버린 게 아닐 것이다. 새들은 사람의 목소리나 움직임에 따라 그 사람을 구별하는 능력이 있다. 실제로 공격당하면 그것을 잊지 않고 반격 준비를 하고 공격적으로 대한다. 테르는 나에게는 물론 다른 새들에게도 공격하는 법이 없었다. 그뿐 아니라 매사에 짜증을 부리거나 집요하게 원하거나 질투한 적도 없었다.

   그런 점들을 닮고 싶었다. 테르의 태도 덕분에 나는 긍정적으로 세상을 바라보게 되었다. **테르와 함께 지내면서 나는 많이 성장했다. 사람에 비유하자면 성인군자 같은 테르는 나에게 무한한 신뢰와 사랑을 주었다.** 이런 테르가 항상 곁에 있어줘서 위안이 되었다. 화나는 일이 생겨도 테르를 생각하면 빨리 풀렸고, 같이 있으면 안정감을 느꼈다. 테르가 없었다면 좀 더 오랫동안 스트레스받고 민감하게 반응했을 것이다. 그렇게 지내다 보니 저절로 편안한 마음가짐을 가지게 되었다.

우리 둘만의 언어

테르도 자유롭게 날던 시절이 있었다. 하지만 윙컷(앵무새 날개 끝의 깃털을 2~3장 잘라내는 것)을 하던 동생의 실수로 한쪽 날개를 다치고 서는 더 이상 제대로 날 수 없게 되었다. 한쪽 구석에 미안한 마음이 늘 자리 잡고 있었는데 내가 테르의 날개가 되어주기로 마음먹었다. 그래서 항시 테르에게서 눈을 떼지 않았다. 테르가 한쪽 방향으로 몸을 기울이고 있다는 것은 그 방향으로 가고 싶다는 뜻이다. 내 발등에 올라서는 것은 이제 무릎 위에 올라가고 싶다는 의미다. 고개를 빠르게 흔드는 것은 내게 빨리 오라고 보내는 신호다. 테르가 나를 부르면 나는 테르에게 갔다. **우리 사이에는 약속한 듯 둘만의 언어가 있었다.**

새들은 서로의 털을 골라주며 애정 행각을 한다. 그러려면 부리로 물어야 하는데, 테르도 종종 내 입술을 살짝 물며 애정을 표현했다. 내심 좋았지만 아팠기에 말렸더니 그 이후로는 거의 하지 않았다. 테르는 대신 내 손 가까이에서 고개를 숙이며 쓰다듬어 달라는 신호를 보내곤 했다. 그럴 때마다 깃털을 쓰다듬고 미용실에서 머리를 감겨주는 것처럼 부드럽게 머리 마사지를 해주었다.

테르는 나한테만큼은 애교가 많고 스킨십을 참 좋아했다. 언제나 나의 어깨, 머리, 무릎, 발등에 앉아 있었다. 누우면 배나 가슴팍에 안겼다. 그래서 테르의 등에는 내 립스틱 자국이 자주 남았다. 때로는 내 이마에서 잠이 들었다. 불면증이 있는 날, 테르가 내 이마 위에 있으면 마음이 편안했다. 새들은 잘 때 한 발을 들고 고개를 옆

으로 돌려 털에 파묻고 자기를 좋아한다. 그 자세로 테르가 내 이마 위에서 자고 나면 선명한 발자국이 이마에 남았다.

이렇게 친숙해진 후에도 테르는 가끔씩 새로운 매력을 선보였다. 비트가 강한 음악에 맞춰 춤을 췄고, 집에 온 지 10년이 지났는데도 전혀 듣지 못한 새로운 목소리를 들려주기도 했다. 어느 날은 처음으로 멀리 떨어진 방에서부터 걸어서 나를 찾아와 깜짝 놀란 적도 있다. 평생 물기 있는 음식을 입에 대지 않다가 열두 살이 되고부터는 같이 사는 새를 따라 양상추를 먹기도 했다.

작은 무덤

테르는 한 시간 동안 사투를 벌이다가 죽었다. 아픈 테르가 침대에서 떨어질 것을 우려해 바닥에 매트를 깔아놓고 잠을 자던 때였다. 잘 움직이지 못하는 테르를 편하게 해주기 위해 방석과 옷가지로 푹신한 둥지를 만들어주었다.

테르는 둥지에서 잠시 잠들었다가 옆에 둔 간식도 먹었다. 그러나 이내 숨 쉬는 모습이 힘겨워 보였다. 눈을 동그랗게 뜨고 얕은 숨을 가쁘게 쉬었다. 내 손에 기대어 내쉬는 입김이 뜨거웠다. 테르를 두 손에 올려 서늘한 거실로 옮겼다가 추울까 봐 다시 방에 되돌아오기를 되풀이했다. 입안에 물을 흘려 넣어주었지만 테르는 모두 뱉

어냈다. 감싸 쥔 내 손 안이 더울 것 같아 다시 둥지에 내려준 그 순간 테르의 숨이 멎었다. 테르는 정말 최선을 다해 견뎌주었다. 숨이 멎은 테르를 두어 시간쯤 곁에 두었다. 여전히 따스한 온기가 느껴졌고 어여쁜 깃털이 부드러웠다.

다음 날 비가 많이 내렸다. 작은 상자에 보자기로 싼 테르를 꽃과 함께 담아 나무 아래 묻었다. 집 앞 놀이터 부근이었다. 그곳에 돌을 쌓아 올려 작은 무덤을 만들었다.

테르가 마지막 순간 누워 있던 둥지와 그 위의 흐트러진 간식까지 정리할 수 없어 고스란히 두었다. 새장 역시 그대로다. 다 그렇게 그 자리에 있다.

항상 내 곁에 머물렀던 테르. 오랫동안 그래왔던 것처럼 테르가 옆에 있는 것 같았다.

"테르, 잘 자."

전과 같이 밤이면 밤 인사를 하고, 아침에 일어나면 아침 인사를 하기 위해 먼저 테르를 찾았다. 씻을 때는 옷가지로 테르가 앉을 수 있는 둥지를 만들어 욕실 변기 위에 올려두었다. 하지만 날 부르는 목소리가 이제 들리지 않았다. 외출하고 돌아와 제일 먼저 하던 일은 손을 씻고 새장을 열어 테르를 꺼내는 것이었는데, 새장은 텅 비어 있었다. 내 무릎과 어깨 위엔 아무것도 없었다. 점점 상실감에 빠저들었다.

인식되지 않는 슬픔

회사를 그만두고 새로운 일자리를 잡기 위해 합격해야만 하는 전문 자격 시험이 잇달아 있었다. 꼭 합격하자고 나 자신을 격려하며 긍정적으로 생각하려 애썼지만 통곡하며 울기도 했다. 매일 집 앞 테르를 묻은 놀이터로 갔다. 몇 분 동안 테르의 무덤 앞에 서 있거나 근처의 벤치나 그네에 앉아 테르를 생각했다. 감정이 복받쳐 흐느끼는 나를 보고 지나가는 사람들은 어떻게 생각했을까?

지인들과 웃고 떠드는 자리가 힘들었다. 아무리 친밀한 사이여도 만남이 꺼려졌다. 테르의 부재가 아팠지만 동물의 죽음을 헤아리지 못할 것 같은 사람에게는 테르의 죽음에 대해 일절 말을 꺼내지 못했다. 테르가 작은 앵무새여서 더욱 힘겨웠다. 그저 '새 한 마리 죽은 것'으로 이해하고 위로하는 일들도 있었다. 하지만 내가 잃은 것은 제일 친한 친구이자 가족이었다. 나를 정말 많이 사랑해준 친구이자 가족을 지키지 못한 것 같았다. 병원에 제때 데려다주었다면 살릴 수 있었을 거라는 생각도 들었다. 실제 테르가 산 시간은 왕관앵무새의 평균 수명인 15~20년보다 짧았다.

"테르가 나이 들었으니 갈 때가 됐었나 봐."

주변에서는 테르의 죽음을 단순히 노화 문제로 추측했다. 지인들과 다시 예전처럼 즐거운 대화를 나누기란 어려웠다.

슬픔을 이해받고 이렇게 예쁘고 멋진 새가 있었다는 걸 알아주었으면 했다. 평소 말하는 것보다 듣는 것을 좋아했지만 테르의 이야기를 하고 싶었다. 이곳저곳 알아봐도 반려동물의 죽음 이후 반려인의 삶에 대한 정보가 거의 없었다. 수소문 끝에 펫로스 프로그램을 찾아가 무엇이 옳은지 판단되지 않는 점들을 상담받고 털어놓을 수 있기를 바랐다. 당장 극복하기 위해서가 아니라 무언가에 대한 갈망에 가까웠다.

집단상담 중 다른 분들 이야기에서 반려동물을 보내고 제일 힘든 점이 '사람'이라는 말에 공감이 됐다. 다른 아이들 소개를 들으며 이상하게 기분이 좋아졌다. 어쩜 그렇게들 생동감 있게 이야기하시는지! 살아 있는 친구들을 소개받고 인사하는 것 같았다. 테르도 내 마음속에 살아 있다고 생각하고 싶었다. 그 뒤로 길에서 강아지를 보면 '앗, 요크셔테리어다. 장군이 닮았네!' 하고 펫로스 프로그램에서 다른 분들이 소개했던 아이들이 떠올랐다.

다음에 참여했을 때는 동물권에 관한 이야기도 나누었다. 사회가 얼마나 인간 중심적으로 돌아가는지 회의감이 들었다. 우리와 같은 생명인 동물에 대한 몰이해가 심한 거 아닐까. 오래전 동물을 사랑하는 마음으로 2년 정도 채식을 했었는데 다시 시작해보면 어떨까 궁리도 했다.

사람의 머리카락이 빠지듯 새들의 깃털도 조금씩 빠진다. 한때 테르의 깃털을 주워 모아두었다. 하지만 가족들과 집 청소를 도우러 온 분이 모두 버렸다. 그냥 두시라고 말을 해도 소용없었다. 그것뿐만이 아니다. 테르가 낳은 알들도 모두 버려져 남아 있지 않다. 내겐 소중한데 다른 사람들 눈에는 쓸모없는 것처럼 보이는 걸까.

테르가 사투를 벌이다 간 매트 위에는 반짝이는 가루가 떨어져 있었는데 정확히 무엇인지 몰라도 테르의 것이기에 그대로 남겨두었다. 그런데 엄마가 매트 위를 청소기로 싹 밀어버렸다. 반짝이는 가루는 한 톨도 남김없이 사라졌다. 엄마는 나를 잘 이해해주는 사람 중 하나였고 테르도 예뻐했었기에 너무나 화가 났다. 상심한 나머지 누군가 내 방을 보는 것도 싫어서 외출할 때마다 방문을 아예 잠그고 다녔다.

묻힌 테르를 꺼내다

어느 날 테르의 무덤에 갔더니 무덤 위에 있는 돌이 사방에 흩어져 있고 꽂아둔 나무도 사라졌다.

'누군가 일부러 흐트러뜨렸나? 혹시 파본 건 아닐까?'

다시 돌을 쌓아 올려놓았지만 걱정스러웠다. 앞으로 무덤을 지킬 수 없는 상황이 온다면? 언젠가 내가 이 지역을 떠날 수도 있고 재개발로 땅을 갈아엎을 수도 있었다. 내 땅이 아닌 곳에 묻은 테르는 내가 영원히 지켜줄 수 없었다. 자연과 같은 테르가 가장 자연스러운 방법으로 갔으면 좋겠다는 생각에 매장을 선택했지만 정작 내가 사는 곳은 자연이 아니었다. 테르를 묻은 자리는 대도시의 한복판에 있는 아파트 단지 내 놀이터였다.

결국 테르를 다시 꺼내기로 마음먹었다. 흙을 파면서 긴장되었다. 다행히 상자는 그대로였고 같이 넣었던 꽃, 간식, 편지, 사진에는 흙이 묻어 있었다. 형태가 약간 남아 있는 테르는 다시 화장하기로 했다. 무덤에 찾아가던 일과와 주위를 오갈 때마다 테르에게 건네던 인사는 더 이상 할 수 없게 되었다.

이제까지 여러 가지로 외로웠다. 새를 키우는 친구는 드물었고 반려조 커뮤니티에 있는 정보는 한국어보다 영어가 많았다. 한국인 중에서도 십자매라든가 모란앵무를 키우는 사람을 몇 명 보았다. 하지만 새와 오래도록 함께하는 사람은 매우 적었다. 외롭기도 했으나 반려조 테르는 그만큼 더 특별했다.

테르가 떠나고 펫로스 책을 찾아보니 전부 개와 고양이에 관한 내용뿐이었고 새에 관한 책은 없었다. 펫로스 서클에 가봐도 반려조를 키우는 사람은 오직 나 하나뿐이었다. 펫로스 서클을 시작하면서 다소 외로운 기분이었는데, 사람들이 새와 테르에게 많은 관심을 가지고 질문해줘서 참 고마웠다. **가장 좋았던 건 같이 슬퍼해주거나 공감해주는 것이었다. 다 괜찮아질 거라는 격려보다 공감이 필요했다.** 비슷한 상실을 느끼는 사람들과 서로 위로하며 생각했다.

'그래, 나도 나아져야겠어.'

처음엔 암흑 속에서 아무것도 할 수 없어 펫로스 상담을 신청했다. 이걸 개선이라 표현해야 할까. 지금은 괜찮아졌다기보다 아픔을 잘 겪을 수 있었던 것 같다. 아픔은 피할 수 없었고, 잘 겪었다.

개를 10년간 키워온 한 언니가 말했다.

"그만큼 오래 같이 살았으면 정말 힘들겠다. 강아지가 죽어도 별로 공감해주지 않는데 작은 새라면 더 이해해주지 못할 것 같아."

언니의 말에 누군가는 나를 이해하고 있는 것 같아 큰 위안이 되었다.

테르의 시점에서

펫로스 드라마치료 시간에 테르를 상징하는 소품을 골랐다. 테르 깃털과 같은 옅은 노랑, 연회색 그리고 주황색 소품이었다. 그것들을 이용해 우리 둘의 관계를 만들고 묘사했다.

"테르는 내게 잘못한 것이 단 하나도 없었어요. 항상 날 기다리며 반갑게 맞이해줬어요. 힘든 일이 있으면 의지가 되고 치유가 됐어요. 언제나 내 곁에 있었고요. 테르에게 다 배웠어요."

곧이어 연극에서처럼 테르가 나타나고 테르가 하는 말을 듣게 되었다.

"윤진이가 자라는 걸 다 봤어. 공부도 잘하고 싶고, 일도 잘하고 싶은 애야. 내 생은 윤진이 중심으로 돌아갔어."

언젠가부터 울고 있었다. 내가 테르를 기억하고 지켜보았듯이 테르 역시 나를 지켜봤다는 걸 느꼈다. 테르의 시점과 입장에서 나에 대한 마음을 표현하는 순간도 있었다.

"나도 이 사람 인생에서 1위였어. 얘가 제일 사랑했던 존재는 나야. 나를 제일 좋아하고 정말로 사랑해줬어. 윤진이는 나를 행복하게 해주려고 노력했어."

꿈꾸는 것처럼 여러 장면이 눈앞에 나타나는 느낌이었다. 드라마치료 내내 눈물이 흘렀다. 어떤 눈물인지 묻는 말에 고마움이라 답했다. 내 눈물의 의미에는 행복도 있었다. 테르는 작은 새인데 의미가 컸다.

테르는 무엇이든 털어놓을 수 있는, 나를 있는 그대로 이해해주는 존재였다. 사랑하는 대상이자 닮고 싶은 선생님이었다. 내게 무한한 신뢰와 사랑, 인생의 가르침을 주었다. 내 인생에서 테르는 진정 멋진 아이였다! 테르가 사람이었더라도 마찬가지로 정말 좋아했을 거라 확신한다. 우리는 항상 서로를 지켜보고 있었다. 나에게 중요한 이 존재를 한결같이 기억하고 싶다. 테르가 죽었다고 해서 테르가 나쁜 기억이 되지 않게. **테르는 항상 현실에 충실했으니까 나도 지금 이 상황에 충실하고 싶다.**

테르는 내가 작업할 때 노트북 위에 있기를 즐겼다. 따뜻한 온기가 좋았나 보다. 지금 나의 노트북에는 테르를 닮은 스티커가 붙어 있다. 테르가 자주 앉던 그곳에.

짐승들의 휴식은 우리들의 노동만큼이나 골똘한 것이다.
그들의 잠은 우리들의 첫사랑만큼이나 믿음 가득한 것이다.

— 장 그르니에, 〈섬〉

나는 이 구절을 참 좋아한다. 테르는 10년이 넘는 오랜 시간 동안 내 곁에서 부단히 휴식을 취하고 잠이 들었다. 이렇게 예쁜 얼굴을 하고서!

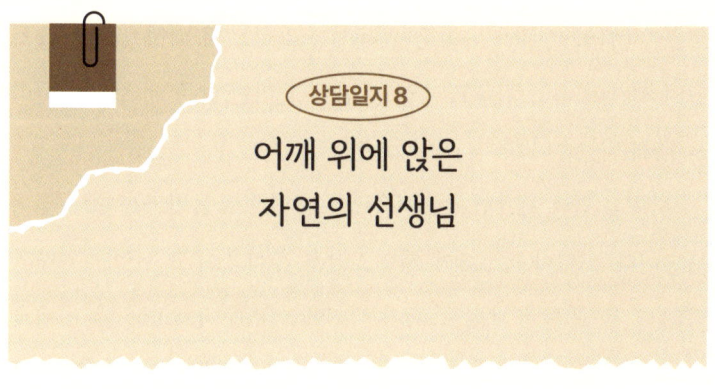

상담일지 8

어깨 위에 앉은 자연의 선생님

테르 이야기를 들으면 바람을 느끼며 지는 태양 빛을 온몸으로 받아들이는 현자가 연상됩니다. 주황색 볼의 왕관앵무새 모습으로요.

이윤진 님은 그동안 가족으로 만난 여러 새 중에서도 반려조 테르가 누구보다 특별한 친구였다는 이야기를 들려주었습니다. 동물을 돌보기에 서툴렀던 어린 시절부터 같이 살던 새 '소라'가 죽었을 때 함께 울어주었던 기억과 그 이후로 더욱 친하게 지낸 나날, 나가고 들어오는 길 언제나 환영해주는 청명한 목소리, 이마에 올려놓고 잠이 들던 밤, 유독 욕심 없이 자신만의 세계를 즐기며 신성한 기운을 가진 테르에게 흔들림 없이 살아가는 자세를 배우기까지. 테르는 이윤진 님이 기억하는 인생 대부분을 같이하며 매일을 특별한 날로 만들어주었습니다.

역사가 겹겹이 쌓이고 둘은 각별한 사이가 됩니다. 그리하여 테르를 '자연의 일부인 나의 선생님'이라고 부르게 되었겠지요. 12여 년의 시간이 흘러 이윽고 매일 방 안에 울리던 맑은 새 소리가 들리지 않게 되었습니다.

자연을 닮은 테르였기에 처음에는 자연으로 돌아가는 방법을 택했습니다. 그러나 테르에게 자연스러운 휴식을 주고 싶었던 기대와 달리 묻은 곳은 부패하고 흙이 되기에 어려운 장소였습니다. 결국 땅 깊숙이 묻은 테르를 다시 꺼내 화장터로 갑니다. 두 번의 장례를 치른 셈입니다. 이는 반려동물의 안식을 위한 것이고, 그를 잊지 않고 계속 사랑하려는 행동이자 작별 과정의 일환입니다. 이윤진 님은 무덤이 파헤쳐지거나 해코지당할까 봐 화장을 결정했으나 실행 후에는 그 결정이 자신의 편의를 위한 건 아니었을지 고민했습니다.

반려동물 사별에 있어 추모 의식은 큰 의의를 지닙니다. 이윤진 님은 매일 무덤에 가던 일과가 사라지고 할 일이 줄어들었습니다. 테르만을 위해 갖던 시간은 혼자만의 중요한 의식이었습니다. 맑은 날이든 비 오는 날이든 잠시라도 테르를 찾아갔었지만 이제는 다릅니다. 일종의 추모 의례가 달라진 것입니다.

이별의 예식 그리고 유품

반려동물의 숨이 멎으면 사체를 어떻게 할지 선뜻 결정하기 어렵습니다. 죽음을 예견할 때부터 고민에 빠지는 문제이기도 합니다. 이는 실제적 장례 절차이자 의식으로서 그 뜻을 가집니다. 죽음을 어떻게 이해하느냐에 따라, 문화적·종교적 배경에 따라 그 방식은 달라집니다. 공통된 점은 시신의 처리에 대한 예우를 갖추는 것, 망자에 대한 생자의 예의와 의무, 사별 당한 사람의 심정을 헤아리는 것입니다.

우리나라의 반려동물 사체 처리에 대한 제도는 발전 중입니다. 현재 토지 및 관리 문제로 화장을 가장 많이 택하는 것으로 알려져 있고, 상담실에서 만난 분들 역시 대부분 매장이나 화장을 택했습니다. 이에 관한 현실적 고려 사항들은 가족 간 의견 일치와 유골 보관 기간, 금전적 문제였고, 개인적 고려 사항은 놓아주고 싶지 않은 마음과 놓아주는 것이 좋다는 마음 사이에서 일어났습니다.

매장의 경우 집 근처에 묻고 표식을 만들거나 선산에 묻었고, 화장의 경우 그 유골을 어떻게 하는지는 제각각이었습니다. 유골함을 집에 두거나, 봉안당에 안치하거나, 자주 가던 산책길에 뿌리거나, 나무나 화분 아래에 묻거나, 가공하여 다른 형태로 바꾸거나, 몸에 지니고 다니는 분이 가장 많았습니다. 이들 모두 슬픔과 애도, 이별의 예식입니다. 죽음을 맞이한 동물의 몸을 어떻게 할 것인가 하는 문제에는 정답이 있지 않습니다. 동물의 특성과 살아온 환경, 그리고 함께한 반려인의 죽음에 대한 견해나 입장에 따라 다릅니다.

반려동물에게 가장 알맞은 장례 방법은 그를 사랑하는 반려인이

가장 잘 찾을 수 있을 것입니다. 같은 방법을 선택하더라도 그 이유는 각각 다릅니다. 편하게 떠나 쉬었으면 하는 마음, 다른 세계에서 잘 지냈으면 하는 마음, 낯선 장소나 다른 사람을 무서워했던 아이를 차마 야외에 둘 수 없는 마음, 다음 생에 좋은 데에서 태어날 수 있었으면 하는 마음, 자연으로 돌아갔으면 하는 마음, 자주 찾아가 볼 수 있는 장소였으면 하는 마음 등등. 모두 사랑하는 반려동물을 향한 염원이 깃들어 있습니다. 반려동물의 숨이 멎으면 최대 수일 안에 매장을 할지 화장을 할지부터 결정을 내려야 합니다. 죽음을 예견할 수는 있지만 시기를 예측하는 것은 쉬운 일이 아니기에 미리 정하거나 가족과 상의해놓으면 도움이 됩니다.

반려동물이 남긴 자취

이윤진 님은 펫로스 서클 사람들에게 털갈이 때 모아둔 테르 깃털을 꺼내 보여주었고, 집에 있는 또 다른 모란앵무새도 소개했습니다. 우리는 테르를 보다 생생하게 느낄 수 있었습니다.

사별은 보편적이면서도 개별적인 일이기에 저도 신중히 임하려고 노력합니다. 동물에 대해 모르는 점을 배우기도 합니다. 이번에는 왕관앵무새, 모란앵무새, 퀘이커앵무새의 특징과 야생조와 반려조를 구별하는 방법에 대해 배웠습니다. 이윤진 님이 상기된 얼굴로 말하던 순간이 기억납니다.

"개, 고양이와 다르게 새와는 더 유대가 어렵지 않을까 생각하는 사람이 많았어요. 저에겐 똑같이 귀한 자식이에요. 가장 친한 친구고 인생을 배운 선생님이에요. 정말 사랑했어요. 여기에서도 새 키우는 사람이 혼자라 외로웠는데 관심 가지고 물어봐주셔서 고마워요."

반려조와 살아왔기 때문에 더욱 힘주어 말하는 것이리라 짐작했습니다.

듣던 사람들이 앞다투어 답했습니다.

"진짜로 궁금했어요."

"사실 저번엔 마음 아플까 봐 더 못 물어봤어요."

진솔한 마음들이 오고 갔습니다.

개인상담에서는 테르의 깃털과 알이 버려져 속상했던 일을 이야기했습니다. 소중한 테르의 흔적이 사라질까 봐 외출 때마다 방문을 꼭 잠그게 되었다는 이야기도 덧붙였습니다. **우리에게 빛나고 소중한 것들은 종종 주위의 이해를 얻기 어려울 때가 있습니다.** 테르의 깃털은 그런 대표적인 예입니다. 물론 사람들이 떨어지는 머리카락에 얼마나 많은 의미를 부여할까요. 하지만 이윤진 님에게는 그것이 그냥 떨어진 깃털이 아니었습니다. 그것은 추억과 함께 쌓여 있었습니다. 이윤진 님은 아껴두었던 테르의 깃털과 알들이 버려지게 된 일이 말할 수 없이 가슴 아팠을 것입니다. 이런 소소한 것들도 사별한 반려인에게는 그야말로 소중한 보물일 수 있습니다. 아이와 나만의 시간, 나만 알 수 있는 기억과 감정의 집합체가 됩니다. 그러나 누군가는 이러한 속사정을 이해하지 못할 수 있습니다. 가장 가까운 사람조차 말입니다. 반려동물이 사용했거나 관련한 물건을 어느 정도 남겨놓을지, 언제쯤 치울지, 유품 정리 및 시기에 관해 가족 간 의견 대립이 잦아지기도 합니다. 한편에서는 버리고, 누군가는 다시 몰래 숨겨두는 일이 벌어지기도 합니다. 이런 일들은 함께 반려동물을 아꼈던 가족들 사이에서도 일어날 수 있습니다. 평상시 사이가 좋고 가까웠던 가족도 죽음이 주는 이별 앞에서 흔들립니다.

"꽤 잘 통한다고 생각했던 가족인데 지금은 남 같아요. 아이 물건을 자꾸 치우라고 해요. 내가 웃기를 바라네요. 혼란스러워요."

사별한 반려동물의 물건과 흔적을 어떻게 할지는 천천히 결정해도 됩니다. 배어 있는 냄새가 날아가는 것이 슬프다면 보관할 방법을 찾아보세요. 차츰 보낼 것, 간직할 것, 그리고 시간이 지나 다시 작별할 것들이 보일 것입니다. 우리가 모든 것을 잡고 있지 않듯이 말입니다. **서두르지 말고 천천히 하세요.** 만약 반려동물의 물건이 눈에 보여 괴롭다면 옮기고 정리해도 좋습니다. 물건이 반려동물 그 자체는 아니니까요. 사랑하는 사이는 서로 깊이 새겨져 있습니다.

이윤진 님은 테르와 가까이 있을 수 있기를 바라며 여러 가지 방법을 찾았습니다. 손톱에 테르의 깃털과 똑같은 색깔을 입혔습니다. 중요한 시험이나 면접을 보러 갈 때면 테르 모양의 열쇠고리를 가져갔습니다. 상담이 끝날 무렵, 손을 내밀어 제게 반지를 보여주었습니다.

"테르 이야기가 다른 사람에게도 도움이 됐으면 좋겠어요. 반지를 새로 맞췄어요. 제가 태어난 달과 테르가 태어난 12월, 우리가 만난 3월. 이렇게 세 개의 달을 기념하는 생일석으로요. 안쪽에는 테르가 떠난 날짜도 새겼어요. 의미를 담아서요."

테르에게 보내는 편지

테르에게.

테르야, 내가 세상에서 가장 사랑하는 테르야.

너무나도 사랑스럽고 아름다운 우리 풍띠!

우리 12년이 넘는 긴 세월 동안 정말 많은 대화를 나누었는데,

편지는 처음이네.

마음으로 읽어줄 거지?

처음 본 순간부터 정말 이쁘고, 우아하고, 상냥하고,

공주 같았던 우리 테르.

기쁠 때나 슬플 때나 언제나 나의 곁에서 나를 이해해주고

다독여줘서 고마워.

함께 울어주고 눈물을 닦아주고 곁에 있어줘서 너무너무 고마워!

낯선 것을 참 무서워하고 많이 경계하는 너지만

언제나 내게는 큰 사랑과 믿음을 줘서 고마워, 테르야.

네가 내게 준 만큼의 행복을 나는 너에게 주었을까?

노력은 했지만 못해준 것들에 아쉬움이 남아.

어릴 적 잘 돌봐주지 못한 것에 참 큰 후회가 있었는데.

테르야, 너는 내게 너를 잘 보살피고 사랑할 수 있는 기회를
정말 많이 준 것 같아.
그동안 참 아팠던 일도 다친 적도 많았는데
매번 건강하고, 귀엽고, 생생하고 푸근한 모습으로 곁에
오래 있어줘서 정말 고마워.
내가 제일 사랑하는 친구이자, 가족이자, 인생 선배이자 나의 사랑!
테르야, 너는 정말로 멋지고 고귀하고 특별했어.
언제나 나의 자랑이고, 내 인생을 특별하게 만들어주었어.
우주만큼 너를 사랑해!
지금까지 그래왔고 앞으로도 영원히 그만큼 너를 사랑하고 기억할 거야.
너의 따뜻한 눈빛, 부드러운 온기, 맑고 청명한 목소리,
나를 부르는 몸짓……
모두 잊지 않을 테니 너도 부디 나를 기억해줘, 테르야.
곧 다시 만나자, 내 사랑.
마지막에 너의 건강을 잘 챙겨주지 못한 것 같아
너무 미안해, 테르야.
너는 내게 신호를 주었지만, 건강하려고 최선을 다해 주었지만
나는 너를 지키지 못해서 미안해…….
아픈데도 내 곁으로 다가오고 내가 주는 밥과 간식을 잘 먹어줘서
고마워…….

정말 아프고 고통스러웠을 텐데 내 두 손 위에서 더 오래 견디려고 노력해줘서 고마워.

나는 너에게 정말 부족한 사람이지만 너와 함께 정말 많이 성장할 수 있었어.

테르야, 나는 너로부터 정말 많은 것을 배워.

지혜롭고, 상냥하고, 마음씨 이쁘고, 무한한 사랑과 믿음을 주고, 순수하고 초연한 너의 모습을 나는 닮아가고 싶어.

우리 집에 와줘서, 내 인생에 들어와줘서 고마워!

내가 너와 만나 아주아주 행복했던 만큼 너도 행복했었으면 좋겠다.

다음 생에는 네가 나를 선택해주렴. 같이 또 행복하게 살자!

다시 만날 때까지 너의 고운 성품, 우리가 나누었던 이야기들, 너의 향기와 아름다운 깃털까지 마음속에 잘 간직하고 있을게.

우리는 영원할 거야!

내 마음속에서, 하늘에서 편히 쉬고 있어, 테르야. 곧 만나러 갈게.

우리 뚱띠, 소중한 나의 테르야, 많이 많이 사랑해!

(기록 9)

기억난 이름
고통의 수용과 성장

이름: **엄지(치와와, 수컷, 11살)**

애칭: **엄쥐콩, 엄돼지, 지아**

#털동생 #가족의 연결 고리 #부모 #더위 #종교
#펫로스 모임 #사별 자조 모임 #그리움 #마주하기
#기억 #애도 #나를 변화시키는 반려동물 #수용 과정
#성장 #회복의 길

나를 보는 눈빛이 이렇게나 예뻤다.
누운 내가 잠들었나 확인하러 오는 엄지의 발소리가
행복했다.
우리가 어떻게 교감을 했는지 되새긴다.
평범하다고 생각했던 순간들이 전부 귀중했다.
보내고 난 후에 깨닫는다. 내가 사랑을 받았구나.
나만 불렀던 엄지의 특별한 애칭들. 소리 내 불러본다.
"엄지야! 엄쥐콩! 엄돼지! 쥐콩아! 지아야!"

반려견 엄지는 12년 간 가족의 중심에 있었습니다.
서먹했던 가족들 사이에 대화가 오가게 하고 한결
단란한 가정이 될 수 있게 만들어주는
연결 고리였습니다. 그렇게 가족들에게 큰 변화와
행복을 가져다주었던 엄지의 빈자리는 참으로
컸습니다. 하지만 가족들은 서둘러 엄지의 물건을
정리하고 엄지를 잊고자 노력했습니다. 엄상민
님은 자신이 믿고 의지했던 종교에서도 외면받는
느낌이었습니다.

내 강아지는 '엄지' 하나야

나의 개 '엄지'가 간 지 3개월이 지났다. 엄지 나이 열한 살이었다. 일상은 겉보기에 평온히 흘러간다. 나는 괜찮은 듯도 하고 괜찮지 않은 듯도 하다. 직장 일을 그럭저럭해 내며 하루를 이어 나갔다. 가족들은 서로 조심하는 눈치였다. 엄지가 떠난 건 엄마에게도, 아빠에게도, 결혼한 오빠에게도 가슴 아픈 일일 테다.

비만견인 엄지는 더위를 몹시 힘들어했다. 엄지가 우리 곁을 떠난 여름 그날, 공교롭게도 에어컨이 고장 났다. 퇴근해 집에 오자, 엄지는 헥헥거리며 힘겹게 서 있었다. 부모님은 엄지 앞에 선풍기를 고정시키고 강풍으로 틀어줄 수밖에 없었다. 하지만 더위는 조금도 가시지 않았다. 숨을 몰아쉬는 엄지를 보며 발만 동동 구르다가 냉동실에 있던 얼음을 가져왔다. 엄지 몸에 차가운 얼음을 갖다대는 순간, 엄지의 세상은 그대로 멈췄다. 엄지는 그대로 내 품 안에서 갔다.

엄지는 외갓집 선산에 묻었다. 차마 화장할 수 없었다. 그 더위에 헥헥 대다가 떠난 애를 불에 넣을 수는 없었다.

'치와와는 오래 산다더니……. 겨우 열한 살에 갈 줄이야. 이젠 내 월급으로 뭐든 사 줄 수 있는데…… 노후 준비도 해주려 했는데…….'

엄지가 침대에 쉽게 오르내릴 수 있도록 마련한 계단은 한 달도 채 쓰지 못했다.

가족들은 엄지의 부재로 편해진 점과 좋아진 점을 최대한 찾으려 노력했다. 덜 힘든 척하려 애썼다. 엄지를 묻어주고 돌아오는 길엔 짐짓 우리도 이제 해외여행 좀 가자고 말했다. 그날 바로 엄지가 사용하던 용품들을 정리했다. 바삐 기부할 동물단체를 알아보고 용품들을 택배로 보냈다. 가족 각자 엄지의 물건 하나씩만 남겨놓았다.

다음 날 출근을 하며 모두 일상으로 돌아갔다. 주방 냉장고에는 엄지의 스케치가 영정 사진처럼 썰렁하게 붙어 있었다. 나이 든 엄지를 도맡아 돌봐온 아빠는 농담조로 "빨리 엄지 동생 '검지'를 데려와야 돼"라고 말했다.

'다시는 개 절대 안 키워! 내 강아지는 엄지 하나야!'

내 마음속에는 오직 엄지만 있었다. 그러면서도 엄지를 빨리 잊으려 고군분투했다. 엄지가 떠난 사실을 이야기할 곳도 별로 없었다. 친구들에게는 "괜찮아, 잘 보냈어" 하고 짧게 말하고 덮었지만 내 안의 그리움과 아픔은 무성했다. 엄지가 너무 보고 싶었고, 키우면서 어느 것 하나 제대로 해주질 못한 것 같았다.

그러다 펫로스 프로그램에 가기로 마음먹었다. 그저 털어놓고 싶었다. 내가 잘못한 모든 것들을 고해성사하듯이 털어놓고 펑펑 울고 싶었다.

촌지로 들어온 치와와

엄지가 처음 우리 집 문턱을 넘은 것은 2008년 봄, 5월 스승의 날을 앞둔 날이었다. 고등학교 선생님이었던 아빠는 학부모로부터 일명 '촌지'로 작은 강아지를 받아왔는데 그게 '엄지'였다. 학부모와의 대화 중에 '자식들이 대학에 가면 집이 적막해진다. 심심하고 외로워 강아지라도 들였으면 좋겠다'고 하셨던 모양이다. 우연히도 한 학생의 아버지가 수의사셨고, '산책을 덜 시켜도 되는 순하고 영리한 강아지'를 약속하고는 정말로 집에 강아지를 데려다 놓았다. 태어난 지 2개월 된 치와와였다. 이 소식을 해외에서 교환학생 학기 중에 듣고 투덜댔다. 어릴 때부터 개가 무서워 가까이 가지 못했고, 개를 보면 저멀리 길을 돌아가기 일쑤였다.

"왜 하필 강아지인 거야. 난 고양이가 좋은데."

하지만 아빠는 우리 집의 '엄'씨 성씨에 '뜻 지'를 써서 '엄지'라고 그럴싸한 이름까지 붙여주셨다. 교환학생 학기를 마치고 한국에 돌아와 처음으로 강아지와 얼굴을 마주했다. 터줏대감 같은 기세로 주먹만 한 애가 얼마나 야무지게 왁왁 짖어대는지 서러워 눈물이 다 났다. 그렇게 심란한 밤을 보낸 다음 날, 강아지와 이렇게 계속 전투 상태로 지낼 순 없다는 생각에 강아지에게 다가가 쓰다듬기를 시도하면서 간식을 내밀었다. 옆에서 다른 가족들이 거들었다.

"엄지야, 여기 누나야, 누나. 이 사람은 네 누나야. 네 가족이야."

며칠 지나지 않아 엄지와 금방 친해졌다. 지금 와서 되돌아보면 우리 집은 개를 키울 준비가 전혀 되어 있지 않은 상태였다. 정기적으로 발톱을 깎거나 항문낭을 짜줘야 하는지도 몰랐고, 사람 음식도 사이 좋게 나눠 먹었다. 개에게 치명적인 초콜릿과 포도, 양파도 주었다. 이것이 개가 먹으면 안 되는 음식인 줄 나중에 인터넷 검색을 해보고서야 알았다. 책임감을 느낀 나머지 훈육 담당을 자처했다.

"엄마, 아빠. 초콜릿이랑 포도는 개가 먹으면 큰일 나는 거래. 앞으로는 절대 주면 안 돼."

하지만 이미 엄지는 식구들이 먹는 음식에 길들여져 있었다. 참외, 감, 사과 깎는 소리를 귀신같이 알아챘고, 냉장고 과일 칸을 열

면 어느새 옆에 와 있었다. 식탁에 올라와서는 아빠가 정성스레 바른 생선 살을 넙죽넙죽 잘도 받아먹었다. 착착, 고기 자르는 가위 소리만 나면 헐레벌떡 쏜살같이 뛰어왔다. 아빠가 약주할 때면 안주로 굽는 삼겹살을 얻어먹겠다고 아빠 옆에 찰싹 붙어 앉았다.

우리 집 중심에는 항상 엄지가 있었고, 엄지를 통해 가족 간에 대화가 늘어 평소 서먹하던 아빠와 대화를 하게 됐다.

"아빠, 엄지 오늘 뭐 했어? 간식은 먹었어?"

엄지는 외간 사람들이 오갈 때면 번번이 짖었다. 경계심도 많고 샘도 많았다. 나이가 들어도 이런 성격은 변함없어서 약을 먹일 때 유용했다. 좋아하는 고기에 약을 섞어 먹였는데 약 냄새가 나는지 먹지 않고 오로지 고기만 내놓으라고 시위했다. 그러면 곰 인형을 앞에 놓고 인형에게 먹이는 시늉을 했다.

"엄지야. 곰순이가 이 약 먹는다. 어쩔래? 곰순이가 네 거 다 먹는대~"

곰순이에게 약을 주는 척하면 엄지도 덥석 약을 받아먹었다.

집을 밝히는 존재

엄지는 친구들에게 들었던 '사람 동생'과 비슷했다. 남매지간으로 자란 오빠는 나를 잘 돌봐준 편이었다. 티격태격하는 일이 적었고 일방적으로 나를 받아주기도 했다. 나도 엄지에게 그런 누나가 되어줄 수 있을 것 같았다. 내 인터넷 아이디와 활동명은 전부 '엄지 누나'가 되었다.

우리 집 늦둥이 막내 엄지. 이 작은 털동생은 내가 어떻게든 이끌어가야 하는 존재이면서 생활 속 어려움을 같이 맞닥뜨리는 존재였다. 엄지는 부모님의 언성이 높아질 때면 내 방으로 도망쳐왔다. 조그마한 게 얼마나 겁을 먹었으면 달려와 '안아줘, 안아줘' 하고 내 다리를 긁는 모습이 짠했다. 그럴 때마다 품에 안고 달래며 한없이 예뻐해주었다.

"에구구, 그랬어? 누나 여기 있잖아. 누나가 지켜줄게."

집에는 고성이 오가는 일이 빈번했다. 엄지를 무릎에 앉혀 안정시키며 함께 그 시간을 견뎠다. 이 경험으로 오히려 나의 어린 시절이 정리되었다. 이때까지 나는 항상 피하려 했고 귀를 막고 도망가기만 했다. 귀에 이어폰을 꽂고 밖의 소리가 들리지 않는 척했다. 엄지가 내 발치로 오면서부터는 엄지와 이야기하기 위해서라도 이어폰을 빼야 했다. 그렇게나 듣기 싫었던 방 밖의 다툼 소리에 무뎌졌다.

'얘한테는 내가 의지가 되는구나. 나도 나름대로 괜찮은 사람이구나.'

나이가 드니 나의 내면도 단단해진 것 같았다. 그리고 나에겐 동생 엄지가 있었다. 더 이상 나 자신만 생각하거나 내 안에 갇혀 있을 수는 없었다.

지금껏 나를 가장 크게 변화시킨 것을 꼽으라면 하나는 종교, 다른 하나는 엄지다. 나는 매사에 선이 분명했고, 맞지 않는다고 생각하면 버리는 날카로운 사람이었다. 정치 문제를 다루는 전공 특성상 더욱 회색분자를 경멸했다. 남들보다 앞서서 가이드를 제시하거나 상대의 이야기가 끝나기도 전에 할 말을 정리해 던질 준비를 했다. 그런 내가 어느새 다른 이들의 이야기에 집중해 곰곰이 듣게 되었다. 엄지와의 관계를 통해 다른 사람들의 이야기를 듣는 법을 배웠다.

엄지와의 의사소통은 특별했다. 많은 시간과 노력이 필요했다. 엄지는 사람 말을 할 수 없고, 나는 엄지가 원하는 바를 정확하게 알 수 없다. 관심을 쏟아야만 조금이나마 이해할 수 있다. 계속 시선을 보내고 주의를 기울여야 한다. 이제 와 말하지만 실은 엄지를 위해 적극적으로 움직이기보다 나 좋자고 엄지를 끌어안고 귀찮게 한 적이 훨씬 많다.

계약직이 끝나고 다시 취직할 때까지 근 2년의 시간이 걸렸다. 꽤 오랜 백수 생활 동안 엄지에게 의지했다. 24시간 내내 붙어 있으면서 취업 준비를 하다가 앞으로 어떻게 살까 답답해지면 엄지를 붙잡고 같이 자고, 먹고, 놀고, 뒹굴었다.

외할머니의 갑작스러운 별세로 가족 모두가 큰 충격에 빠졌을 때 집 안을 밝혀준 것도 바로 엄지였다. 엄지만이 우리를 다시 웃게 해주었다. **엄지는 가족이 제일 어려운 시기에 가장 필요로 할 때 힘을 주고 위로해준 존재다.**

긴 백수 생활을 끝내자 엄지와 함께할 시간이 줄어들었다. 장거리 출퇴근으로 늦은 밤 자는 시간에야 엄지를 볼 수 있었다. 그러다가 엄지를 보내니 어렵사리 들어간 직장이 조금 원망스럽기까지 했다. 그렇게도 길게 느껴졌던 취업 준비 기간 동안 엄지와 찍었던 사진과 동영상만이 남았다.

나의 종교에서 외면받다

주위에 엄지가 죽었다는 이야길 하면 "어우 어떡해……" 하고 침묵이 이어졌다. 대부분 내가 상처 입고 슬퍼하는 걸 겁냈다. 위로받고 싶다가도 "아이, 괜찮아. 그래도 잘 보냈어. 임종도 지켰으니까 괜찮아. 우리 다른 이야기 할까?" 하고 다른 주제로 넘어갔다. 그래도 동년배 신자들인 성당 언니들과 동생들이 공감해주는 말을 건네왔다. '개 때문에 사회생활 못하는 사람'이 되면 엄지가 욕먹는 것 같아 더 애썼다. 열심히 신앙생활을 하고 좋아하는 공연도 관람했다. 호텔에 가 늘어지게 잠도 자보았다. 하지만 순간순간 엄지의 부재를 느꼈다. 이전과 다른 풍경이 보이는 찰나 조금씩 무너졌다.

엄지 화장실 패드 치워줘야겠다, 혼잣말하고는 아차 싶었다. 고구마를 베어 물다가도 생각했다.

'어? 고구마 달라고 다리를 긁어야 하는데 엄지가 조용하네?'

이제 고구마를 같이 나눠 먹던 애는 없다. 울컥했다가 공허함이 밀려왔다. 불 꺼진 집 문을 열고 들어가던 날은 현관에 엎드려 오열했다. 분명 매일 문 앞에 뛰어나오던 애가 있었다.

내 인간관계는 둘로 나뉘는데 그날의 오열을 이해하는 사람과 그렇지 않은 사람이다. 한 수녀님이 내게 "너무 아프지요?" 하며 초콜릿을 주셨다. 어릴 적 목줄이 풀려 잃어버린 강아지를 끝내 찾지 못했다는 수녀님의 옛날이야기에 또다시 눈물샘이 터졌다. 또 다른 수녀님도 본인 이야기를 담담히 들려주셨다.

"난 우리 강아지 가는 걸 지켜봐주지 못했어요. 수녀원 들어오느라……."

몇 년 전, 한 친구가 고해성사 후 울면서 나온 일이 있었다. 천주교의 고해성사는 죄를 고백하고 그곳에서 위로와 용서를 받고 나오는 정화의 시스템이다. 친구가 고해성사에서 강아지가 세상을 떠난 슬픔으로 미사에 참석하지 못했다고 고백했을 때 신부님께서 미사에 오지 못한 건 죄이고, 동물은 영혼이 없어 천국에 가지 못한다, 하고 말씀하셨다고 했다. 성당에 다니며 동물을 키우는 주위 사람들은 다들 동물에게 영혼이 없다는 이야기를 들었다고 한다. 한 분은 마음이 상해서 한 달간 성당을 나가지 않았다가 교리를 다시 배우라는 소리도 들었다.

전해 듣는 것만으로도 상처받았기에 굳게 마음먹고 고해성사를 하러 들어가 엄지를 보낸 후 주변 사람들을 챙기지 못하는 내 모습을 고백했다. 역시 신부님의 첫마디는 동물의 영혼 유무에 대해서였다. 그 뒤로는 "주변을 조금 챙기십시오. 그래야 하늘에 있는 강아지도 좋아하지 않겠습니까" 하고 정리해주셨다.

직접 들으니 화가 났다. 미국이나 유럽의 성당에서 이런 고해성사를 한다면 더 위로받지 않을까? 이건 단순히 신부님 탓이 아니라 신부님이 이렇게 할 수밖에 없게 만드는 체계의 문제 아닐까? 나는 종종 내가 믿는 종교 내에서 여성 사제의 부재처럼 없는 존재가 되곤 했다. 생명의 소중함이나 환경 문제는 강조되었지만 우리 집의 강아지나 동네의 길고양이에 대한 언급은 없었다. 종교는 나를 지탱해주는 큰 지지대였는데 가장 힘들 때 그 지지가 나를 외면한 느낌이었다. 엄지가 남긴 빈자리는 그저 개인의 아픔으로만 내던져졌다.

영화 '엄지 일대기'

펫로스 서클에 참가하다가 사별 자조 모임도 시작했다. 처음에는 주로 엄지가 가던 때를 회상하고 이야기했다. 그 뜨거운 여름날이 어떠했는지 별안간 닥친 이별이 얼마나 날벼락 같았는지……. 스스로 대비하고 있다고 믿었지만 예상했던 것과 전혀 다르게 헤어짐이 닥쳐왔다는 것도 말했다.

다들 표면적인 대화는 하지 않았다. 아무렇지 않은 척하거나 힘을 내는 척하지 않아도 되었다. '괜찮아요', '잘 지내요'란 말도 필요 없었다. 대신 진실함이 있었다. 지금은 추워진 날씨가 그 어떤 일보다 억울했다.

"배신감 들어요. 불볕더위가 기승이던 그 여름이 벌써 가다니. 엄지가 더 고생하기 전에 간 거라고 스스로 달랬는데 금방 다시 추워졌잖아요! 지금 난 이렇게 두꺼운 터틀넥 스웨터를 입고 있는데……."

자조 모임 때마다 감정의 높낮이가 달라졌다. 어떤 날은 양손에 쥔 손수건이 눈물로 젖는가 하면, 어떤 날은 시작할 때부터 마음 가볍게 둘러앉았다.

다른 사람들의 이야기를 듣다 보면 피하며 잊고 있던 엄지와의 추억들이 생각나곤 했다. 저 멀리 덮어둔 흐릿한 기억들을 마주하게 되었다. 엄지의 마지막 모습과 내가 미흡했던 아픈 일들만 기억에 남을 것 같았는데……. 나와 엄지가 함께한 12년의 종지부를 애매하게 잊어버리고 있었다. 영화의 끝 장면을 일부러 놓치듯이.

이제는 '엄지 일대기'라는 제목의 영화를 본다. 그 속에서 그새 희미해져 있던 엄지의 모습을 많이 찾았다. 다른 사람들과 감상을 나누며 그 시간을 회상하기도 한다. 엄지의 추억을 지키기 위해서다. 여전히 종종 눈물이 핑 돈다. 그렇지만 그대로 축 늘어져 슬퍼하는 것이 아니라 다시 엄지를 생각해본다.

나를 보는 눈빛이 이렇게나 예뻤다. 누운 내가 잠들었나 확인하러 오는 엄지의 발소리가 행복했다. 우리가 어떻게 교감을 했는지 되새긴다. 평범하다고 생각했던 순간들이 전부 귀중했다.

나만이 엄지 양육자이고, 나만이 엄지를 보살핀 줄 알았다. 추억이 정리되니 나를 향한 엄지의 마음이 선명하게 다가온다. 보내고 난 후에 깨닫는다. **내가 사랑을 받았구나.** 나에게 엄지는 단 하나뿐인 동생이다. 내 동생은 내게 참 많은 사랑을 주었다. 불현듯 엄지의 별명이 다시 기억났다. 까맣게 잊고 있던 이름이다. 나만 불렀던 엄지의 특별한 애칭들. 소리 내 불러본다.

"엄지야! 엄쥐콩! 엄돼지! 쥐콩아! 지아야!"

4000일의 썸머

엄지를 화장하지 못한 미안함이 있었다. 돌아보니 외가 선산에 묻기로 한 배경에는 엄지가 할머니를 남달리 좋아했다는 이유도 있었다. 경계심 많은 엄지가 희한하게도 할머니에겐 짖지 않았다. 여든둘에 돌아가신 할머니는 개를 집 안에서 키운다는 것을 상상조차 못하는 분이셨는데, 엄지만 보시면 "아이구, 엄지 예쁘네" 하고 자주 말씀해주셨다. 엄지가 그런 할머니 아래에 있으니 할머니가 잘 챙겨주시겠거니 한다.

 장례가 끝나자마자 엄지의 물건을 치워버리고 빨리 일상으로 돌아가려 했다. 마음 또한 서둘러 정리하려 했다. 이제는 그대로 빛나는 기억으로 남겨두고 싶다. **엄지가 나에게 베풀어준 모든 것들에 감사할 수 있었으면 좋겠다.** 이렇게 생각할 수 있게 도와준 주변 사람들에게도 진심으로 감사한다. 혼자서 고민하지 않았던 선택이 옳았다. 혼자 끙끙대고 버티지 않길 잘했다고 나에게 칭찬해주고 싶다.

 지금은 이런저런 엄지 이야기를 나눌 수 있어 재미있다고 말하면 엄지에게 미안한 일일까? 가까운 누군가가 반려동물을 보냈다면 '나랑 같이 펫로스 모임 가볼래?' 말할 수 있게 모임이 확산되었으면 좋겠다. 펫로스 증후군은 혼자서 앓기에는 정말로 힘든 일이다. 사실 우리 대부분은 반려동물이 없는 삶을 준비하지 못한다. 그런 상황에서 같은 처지의 사람들과 어떻게 다음 단계로 나아갈지 나누는 것이 중요하다.

영화 〈500일의 썸머〉는 주인공이 '썸머'라는 사람을 만나고 헤어지기까지의 500일을 그렸다. 마지막에는 주인공이 다른 시작을 하는 장면이 나온다. 나에게 있어 그와 같은 시간은 엄지와 함께한 4000일이다. 그 4000일 동안 나는 사랑, 기쁨, 슬픔, 그리움 등 각종 감정을 경험하며 많이 바뀌고 성장할 수 있었다. 첫 만남에 엄청나게 강렬한 인상을 줬던 엄지는 인생을 새롭게 바라보게 했다. 꾸준히 엄지를 기억해 내며 엄지로 인한 변화가 헛되지 않도록 할 것이다. 이제는 내가 달라져야겠다고 다짐한다.

독립을 준비하는 지금 새로운 시작을 앞두고 있다. 인생의 재도약이다. 예산을 따져보고 살 곳을 찾는다. 예전에는 막연히 독립을 상상하면 집에 남을 엄지가 걱정이었다. 그러다 '아니지. 내가 엄지를 안 보고 며칠을 어떻게 견뎌' 하는 생각이 들어 웃고 말았다. 지금은 독립이 새로운 도전으로 다가온다. 엄지가 하늘나라에 가니 또 새로운 일을 할 수 있게 등이 떠밀리는 기분이다. 이제 다음 계단을 넘어가야 한다.

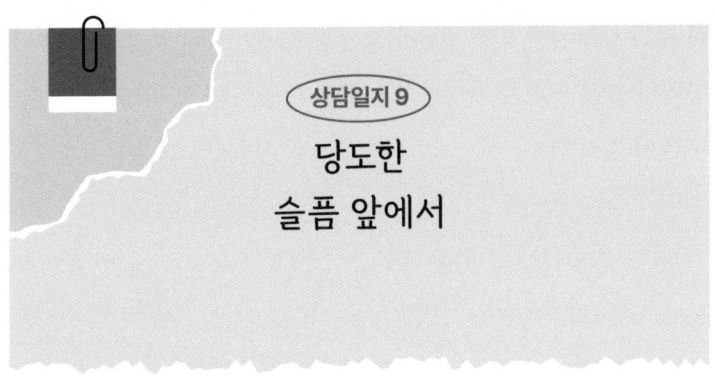

상담일지 9

당도한 슬픔 앞에서

선선한 바람이 부는 가을날 펫로스 서클에서 엄상민 님을 만났습니다. 엄상민 님은 처음엔 엄지가 촌지로 들어온 아이라면서 웃었습니다. 이 자리를 안전하게 여기고 다른 표정도 드러낼 수 있게끔 기다리는 것이 제가 할 일이었습니다.

"올해 엄청나게 더웠잖아요. 그 폭염에…… 엄청 힘들어했어요."

숨을 가쁘게 몰아쉬는 엄지와 그런 엄지를 둘러싸고 동동 발을 구르는 가족들, 긴박하고도 무력한 여름밤. 그 모습을 묘사하는 엄상민 님은 그날로 돌아간 것만 같았습니다. '더위'라는 단어를 입 밖으로 낼 때면 어김없이 울음이 터졌습니다.

"잊으려 노력했어요. 물건도 바로 정리하고요. 엄지는 제가 귀찮았을 거예요. 나 혼자 좋다고 붙잡고 장난치고, 자는데 계속 사진을 찍어댔어요."

손수건으로 눈물을 훔쳐내자 눈이 붉게 충혈되어 있었습니다. 엄상민 님은 마음속에 꽉 찬 눈물과 그리움을 힘껏 누르고 일상의 요구 사항에 충실한 편이었습니다. 엄상민 님이 애써 덮어두었던 것들을 하나씩 꺼내 정리하기로 마음먹는 걸 본 후 잊고 싶지 않은 기억은 무엇인지 질문할 수 있었습니다.

"햇볕이 잘 드는 데에 자리 잡은 엄지의 모습요. 엄지는 일광욕을 즐기는 강아지였어요. 터그 놀이를 좋아해 둘둘 감은 수건을 잡아당기면서 노는 것도요. 밥상머리를 지키고 앉아 꼭 맛있는 걸 얻어먹던 일도 빼놓을 수 없겠네요. 아, 맞다! 그래서 맨날 '엄돼지'라고 불렀다니까요."

묻어둔 기억들이 생생해지고 사라진 기억들도 튀어나왔습니다.

최근 의지가 되거나 혹은 반대로 위축되는 일이 있었는지 묻자, 엄상민 님은 신부님에게 동물은 영혼이 없다는 말을 들었다며 어깨를 으쓱했습니다. 듣던 사람 중 몇몇도 비슷한 경험을 털어놓았습니다. 반려동물이 세상을 떠나면 사별자는 우리 사회에서 어떤 위치에 놓여 있는지 직면하게 됩니다. 이러한 이야기를 통해 슬픔에 빠진 사람을 대하는 실마리를 얻을 수 있습니다. 바로 **'앞서 나가지 않고 같이 머무르기'**입니다. 당사자의 처지를 고려하지 않고 던지는 '사실'이라는 명목의 조언은 그저 자기만족에 지나지 않습니다. 그 자리에 같이 머물러주는 사람이 있으면 다음 단계로 나아가기에 훨씬 수월합니다.

펫로스 서클이 어떤 단계에 이르면 상담자의 개입은 줄고 참여한 분들의 목소리가 대부분을 채웁니다. 같은 슬픔에 휩싸인 사람들과의 연결은 그 자체로 힘이 됩니다. 그 광경은 꼭 슬픔을 볕에 말리는 것 같습니다. **밀려오는 슬픔에서 도망칠수록 더욱 슬퍼지기 마련입니다.** 겪은 슬픔은 서둘러 내쫓거나 해결할 대상이 아닐뿐더러 그것이 가능하지도 않습니다. 심리치료 현장에서 터득한 방법은 슬픔의 모습이 그대로 드러나게 하는 것입니다. **슬픔의 이유나 원인을 분석하면 슬픔은 숨어버립니다.** 반려동물이 떠난 후 만난 분들에게 '슬픔에 익숙해졌다'는 표현을 흔히 들어왔습니다. 슬픔이 '없어졌다'가 아닌 것에 주목해야 합니다. **이제 우리가 해나가야 할 일은 자신의 슬픔 그리고 슬픔에 빠져 있는 자신을 돌보는 방법을 익히는 것이었습니다.**

애도와 회복의 길

엄상민 님은 시간이 지나며 좀 나아졌나 싶다가도 다시 무너지는 것 같다고 했습니다. 슬픔으로 녹초가 된 사람에게는 인내와 다정함이 필요하지만 조바심은 이를 더 어렵게 만듭니다.

"괜찮아지는 줄 알았는데 다시 이 상태예요.. 더 나빠진 건가요?"

상담에서 이 같은 질문을 자주 받습니다. 이것이 이별을 겪은 사람들의 일반적인 모습입니다. 충분히 시간이 소요되어야 하며 거쳐 나가야 하는 과정이 있습니다. **두렵더라도 그 슬픔을 충분히 느끼고 슬퍼하는 시간을 갖는 것입니다. 그것을 '애도'라고 합니다.** 애도가 충분히 이뤄져야 다음 회복의 단계로 나아갈 수 있습니다. 멀찍이 떨어져서 보면 고통이 줄어드는 방향으로 나아가는 것이지만 그 과정은 결코 일직선으로 뻗어나가지 않습니다. 지금이 지난달보다 더 힘들게 느껴질 수 있습니다. 조금 괜찮아진 것 같다가도 되살아나는 고통 앞에서 뭔가 잘못된 건 아닌지 자문하기도 합니다. 여기서 중요한 것은 슬픔을 표출하는 통로를 찾는 것이고, 들락날락하는 고통을 견뎌낼 힘도 필요합니다. 엄상민 님은 슬픔을 조금이라도 줄일 수 있는 법을 궁리했고 시도했습니다.

"열심히 신앙생활을 하고 공연도 보러 가요. 지난주엔 퇴근하고 호텔로 가서 다음 날 늦게까지 잤어요. 조식도 생략하고 아무런 생각도 하지 않고요. 최대한 즐기고 하고 싶은 대로요."

이러한 행동은 사별한 현실을 바꿔주지도 않고 때론 소용없는 짓인 것처럼 느껴집니다. 그러나 **자신에게 친절하고 대접하는 행동은 분명히 회복의 힘을 발휘하고 슬픔의 감정이 흘러가도록 도와줍**

니다. 집에 돌아와 반려동물의 흔적에 다시 눈물을 흘리더라도 외식, 쇼핑, 산책으로 기분을 전환하거나 감각기관을 이완하고 감각에 휴식을 주는 것은 큰 도움이 됩니다. 이런 행동 리스트를 다양하게 가질수록 더 좋습니다.

엄상민 님은 펫로스 서클 사람들에게 세상을 떠난 고양이가 등장하는 웹툰을 추천했습니다.

"댓글을 썼는데 열몇 개의 '좋아요'가 눌렸어요.. …… 신기하게도 은근 위로가 돼요."

유심히 듣던 사람들이 웹툰 제목을 묻고 적어가기도 했습니다. 서로의 경험을 나누는 것은 매우 유익합니다. 감정적 공감은 물론 반려동물의 죽음 이후 보편적으로 겪는 상황을 받아들이고 이해하게 됩니다. 나와 같은 사정에 처한 누군가에게 도움을 주는 일은 다시 자신에게 도움이 됩니다. 그렇게도 고통스러워하던 사람들이 이제 막 반려동물을 보낸 다른 이에게 "내가 위로받았던 만큼 나도 위로가 되고 싶다"라고 말하곤 합니다.

가정을 투영하는 반려동물

"여기 같이 온 가족들이 가장 부러워요. 저 살자고 왔는데 제 가족이 이제야 보여요. 전 이렇게 자구책을 찾고 있지만 부모님은 '빨리 치워,

빨리 정리해' 하고 시간이 가면 되겠거니 하고 계시니까요. 임종 때 제가 엄지를 안고 너무 울어서 부모님은 감정을 못 푸셨을 것 같아요."

쌓아둔 생각과 감정을 풀어내고 나면 주위를 둘러볼 수 있게 됩니다. 이후 상담 주제는 자연히 가족으로 넓혀졌습니다.

반려동물이 떠나면 잠재되어 있던 갈등이 수면 위로 올라와 가족을 흔들 때도 있고, 반대로 끈끈한 유대가 발현될 때도 있습니다. 더위에 발을 동동 구르다 엄지를 보낸 가족들은 서둘러 엄지의 물건을 정리했고, 그 빈자리를 채우며 엄지를 얼른 잊고자 노력했습니다. 하지만 엄지는 저마다의 깊은 곳에 남았을 것입니다.

반려동물의 죽음과 이별은 건강 상태로 미루어 짐작하고 어느 정도 예상했더라도 충격으로 다가옵니다. 상실을 겪는 많은 이들이 빨리 그 슬픔에서 벗어나거나 피하려고 합니다. 이와 같은 이유로 가족들은 엄지에 관해 가급적 언급하지 않으려 했을 것이고 가족 간 대화도 사라졌을 것입니다.

엄상민 님의 가족은 강아지 한 마리와 살기 시작하면서 많은 것이 달라졌습니다. 서먹했던 가족들 사이에 자연스레 대화가 오가고 한결 단란한 가정이 되어갔습니다. 우환이 생겼을 때도 다 같이 견뎌냈습니다. 엄지는 12년 간 가족의 중심에 있었습니다. 가족들에게 큰 변화와 행복을 가져다주었던 엄지의 빈자리는 참으로 컸습니다. 엄상민 님은 엄지가 집의 '충격 흡수제'이기도 하고 '집의 거울' 같다고도 표현했습니다.

고구마 줄기 캐듯이 줄줄 나오는 '가족' 이야기는 상담실의 단골 주제입니다. 상담실에서는 한 지붕 아래 사는 자녀-부모-조부모 세 대 간 긴장을 누그러뜨리는 역할을 해온 반려동물의 이야기가 자주 등장합니다. 이런 반려동물을 '가족의 연결 고리'라 부릅니다. 반려 동물은 한 주거 공간에 같이 살면서 누구보다도 집 안에 머무는 시 간이 길고 가족 구성원 모두와 관계를 맺습니다. 반려동물은 그 가 정의 모습을 가장 잘 투영합니다. 반려동물 상실에 관한 상담을 하 다 보면 각 가정의 양육 환경, 의사 결정 구조, 숨은 규칙, 갈등이 전 개되었다가 해소되는 패턴을 알게 되고 이를 함께 고려해야 합니다.

엄상민 님은 가족 품에 안긴 엄지의 모습을 그릴 수 있게 되었 고 망설이던 첫 독립을 했습니다. 혼자 사는 공간을 꾸미는 동안 몇 몇과 자조 모임 주최자가 되어 다른 사별 반려인을 초대하기도 했습 니다. 그리고 상담 종료 후 1년쯤 지나 다른 고민으로 다시 상담실을 찾았습니다. 이야기하는 중간중간 엄지가 등장했습니다.

"아직도 엄지가 몇 해 동안 거위 기침하듯이 켁켁, 켁, 내던 소리 가 제일 그리워요."

그것은 바로 슬픔이 나아가는 모습이었습니다. 평생 그리움을 안고 살지만 그리움이 두렵지 않고 같이 살 만한 거지요.

엄지에게 보내는 편지

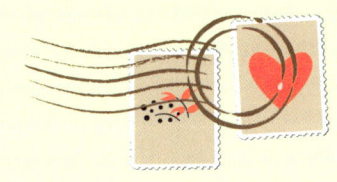

엄지야. 내 새끼, 내 동생! 안 아프게 잘 지내고 있니?

네가 살아 있을 동안에는 널 앞에 앉혀놓고 미주알고주알

내 이야기 하기에 바빠서 단 한 번도 편지를 써보겠다는 생각을 못했네.

네 누나가 이렇다. 뭐 하나 말끔하게 하지도 못하면서 마음으로만

널 아끼고 사랑한다고 했다는 게 지금 와서는 후회스러워.

너와의 만남과 이별도 그 어떤 것 하나도 준비되지 않았던 게

내 잘못이고 우리 가족 모두의 잘못이었어.

너를 그렇게 쉽게 보낼 줄 몰랐는데.

적어도 몇 년은…… 몇 개월은……, 하고 안일하게 굴었지.

너는 그렇게 오래 힘들어했는데.

너랑 지낸 시간들 되새겨보면 내가 많이 귀찮게 하고 힘들게 했던

기억만 나.

털에 뭐 묻은 거 떼어준다고 하다가 물리고,

그러면 괜히 빈정 상해서 너 혼내고…….

왜 그랬을까?

이렇게 아쉽고 미안할 줄 알았으면 그냥 충분히 사랑해주고

예뻐하기만 할걸.

어설프게 훈육한다, 교육한다 내 멋대로 변덕 부렸던 게 이렇게

후회될 줄이야.

그래도 너는 다시 내 곁으로 와서 열심히 내 손바닥을 핥아주곤 했는데.

너만은 계속 한결같았다는 걸 이제야 알았어. 그래서 더 미안하고 슬퍼.

내가 네 누나 역할을 특히 열심히 못했을 때가 취직해서 장거리 출근

핑계로 너와 함께 시간을 못 보낸 한 해 동안인 거 같아.

얼른 돈 모아서 너 간식 사 주고 장난감 사 줄 생각만 했는데

네가 서서히 늙어가는 건 외면했더라고.

아침저녁밖에 얼굴도 못 보면서 너 볼 때마다 내 스트레스 해소한다고

아픈 너 붙잡고 괴롭히고 그랬지.

그래도 밤에 나 자는지 와서 확인하고 가던 그 순간들이 참 행복했어.

아빠와 엄마, 형아, 형수랑은 공유 못할 우리만의 순간들이 있었다는 게

그나마 좀 위로가 되기도 해.

우리 쥐콩.

마지막 가는 날에 누나가 올 때까지 기다려준 거 정말 미안하고 고마워.

네가 그렇게 아프고 힘든 줄 모르고 늦게 퇴근해서 오는데

어떻게 누나 품에 와서 갔니?

이 누나가 많이 슬퍼하고 놀랄 거 알아서 그 힘든 순간에도

누나 기다려준 거 보면.

나는 항상 너보다 철없고 준비 안 된 헛똑똑이인가 봐.

누나를 사람답게 키워준 게 오히려 너라는 작은 존재였다는 걸

매일매일 새롭게 느껴.

너를 만나고 함께 시간을 보내다가 이별하는 순간까지,

누나를 키워주고 성장시켜줘서 정말 고마워.

사랑받을 줄만 알고 베풀 줄 모르던 내게

네가 와서 새로운 세상을 열어줬던 거 절대 잊지 못할 거야.

마침 오늘이 할로윈데이인데 오늘 밤 꿈속에 나와줄래?

사랑하는 내 동생 지아야. 엄쥐콩!

그간 너무 고마웠어. 이제는 부디, 편히 쉬어.

보고 싶은 내 새끼. 이제 우리 꿈에서 보자.

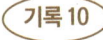

기록 10
두 번째 타로
노년에 찾아온 재입양 고민

이름: 타로(몰티즈, 수컷, 18살)

#타로 할머니에서 타로 엄마로 #노년 #노인과 반려동물
#노년기 상실과 슬픔 치유 #의욕 상실 #재입양 고민
#재입양 결정과 준비 #가족 간 동의
#반려동물에 대한 책임 #대체가 아닌 재입양
#두 번째 반려동물과 함께하는 새로운 삶

우리 타로 참 특출나게 잘생겼다.

눈이 단추만큼 크네.

……이렇게 잘생기면 뭐 해.

이제 이 세상에 없는데.

이정혜 님은 육십 대 어버이날 계획에 없던 강아지를 맞이하게 됩니다. '타로'라 이름 붙여진 하얀 몰티즈는 15년간 이정혜 님의 곁을 지키고 떠납니다. 이후 이정혜 님은 평소 해왔던 일상생활을 제대로 할 수가 없게 됩니다. 그러다 '타로 투'를 만나고 싶은 마음에 재입양에 대한 고민을 하게 되지만 자신의 수명이 얼마 남지 않은 것은 아닐까 망설이고 있었습니다.

뜻밖의 어버이날 선물 '타로'

'타로'가 새장에 실려 온 건 5월 8일 어버이날이었다. 아들이 한 손에 카네이션 화분을, 또 다른 손에는 하얀 강아지가 실린 새장을 들고 현관문에 들어섰다.

"엄마, 나 오늘 20만 원 썼어!"

대관절 어찌 된 영문인지 아들은 신이 나서 자초지종을 말하기 시작했다.

'친구들과 수원 월드컵 경기장에서 경기를 보고 걸어가는데 개가 따라왔다, 꼬질꼬질 때가 묻은 모양새에 발로 내치는 시늉을 해도 따라오는 것이 며칠은 굶은 것 같았다, 동물병원에 데려갔더니 나이가 두세 살 정도 된 몰티즈 강아지라 하더라, 엉킨 털을 밀고 피부병을 낫게 하는 약물에 목욕시켜 데려왔다' 등등.

깜깜한 밤길에 강아지를 주워왔다는 말에 어이가 없었다. 이걸 어떻게 한다? 야단을 칠 수도 없고.

"엄마는 못 키워. 자신 없다."

그때만 해도 강아지를 못 키울 거라고 생각했다. 그대로 앞 베란다에 강아지를 내어놓고 잠을 잤다. 한 이틀 되니까 강아지가 새장 속에 갇혀 있는 모습을 차마 볼 수 없었다. 계속 이렇게 놔두면 어떡하나. 새장 문을 열어 거실로 들어오게 해주니 하얀 꼬리를 흔들며 좋아했다. 키우기로 한 결심은 그때부터다. 직접 밥을 주고 목욕시켰다. 정이 들기 시작했다. 우리 타로는 그렇게 왔다.

강아지가 있으니 집 분위기가 한층 밝아졌다. 금방 자신의 이름이 타로라는 걸 알았다. 타로야! 부르면 저쪽 방 끝에서 얼른 뛰쳐나왔다. 타로는 조용조용한 성격에 순하고 착실했다. 타로를 어떻게 키웠느냐고 딱 한마디로 표현하자면 새끼손가락 하나로 키웠다고 말할 수 있겠다. 요를 깔고 누우면 타로도 옆자리에 따라 누웠다. 근 10년간 그렇게 타로와 함께 잤다. 자다가 밤 1시쯤 사라지고 없어 어디 갔나 찾으면 앞 베란다에 깔아둔 배변 패드에 가 오줌을 누고 있었다. 딸이 말하곤 했다.

"엄마, 나 같으면 여기다 그냥 싸버리겠어. 앤 뭣 하러 밤에 꼬박꼬박 저기까지 가나 몰라. 오줌 한 번을 그냥 누질 않고……."

처음 데리고 올 때 있던 피부병은 환절기마다 도졌다. 그때마다 염증 부위의 털을 빗으로 헤치고 분홍색 살에 정성스레 약을 발라 주었다. 모임에 나가면 애가 잘 놀고 있을지 걱정이 되어 이만 모임을 파하고 부리나케 집에 가자고 하는 경우가 잦았다.

나는 '타로 엄마'로 불리게 되었다. 처음에는 '타로 할머니'라 지칭했던 것 같은데, 어느샌가 타로의 엄마가 되어 있었다.

매일같이 타로를 산책시켰는데 아파트 내 산책 코스를 삼십 분 내지 한 시간 정도 왔다 갔다 하는 걸 좋아했다. 그 외에는 특별하게 해준 것도 없이 주먹구구식으로 길렀다. 두세 살 정도에 우리 집에 온 타로를 15년간 길렀으니 열여덟 살을 산 셈이다. 빠지지 않고 한 산책 덕에 오래 살지 않았나 싶다.

아무것도 하기 싫어졌다

타로는 죽기 반년 전부터 낮 생활과 밤 생활이 바뀌어버렸다. 밤에 일어나 돌아다녔고 나중엔 경련이 일며 눈동자가 뒤로 넘어갔다. 병원에선 신장 이상이라고 했다. 경련이 일어나는 타로의 손을 꼭 잡았다. 그러고 5분 있으면 진정이 되었다. 크게 아픈 것 없이 예쁘게 자랐던 타로. 죽음 앞에 장사가 없었다.

그만하면 오래 살았지. 죽을 때 크게 고생한 것도 아니고 6개월

간 조금씩 조금씩 앓다가 갔으니, 하고 마음을 달랬다.

이상하게 타로가 세상을 뜬 다음부터 제대로 일상생활을 할 수가 없었다. 단골 동물병원 앞을 지나갈 때면 마음이 너무나 아팠다. 하루는 병원에 들어가 보았다. 진료실 앞에 강아지 두 마리가 나와 있었다. 사람들 앞인데도 펑펑 눈물이 났다.

"저희는 괜찮으니 타로가 생각날 때마다 들러서 애들 보고 가세요."

병원 직원들이 말했다. 이따금 가서 한참 동물들을 보고 있으면 나도 모르게 눈물이 났다.

아무것도 하기 싫었다. 살림도, 밥도, 젊은 시절부터 30년간 해온 수영도 하기 싫어졌다. 한 번도 그런 적 없던 내가 변했다. 소화가 안 되고 변비가 생겼다. 밥맛이 없었다. 체중이 4~5킬로그램 빠졌다. 어딘가 특별한 통증이 있는 것도 아니었다. 건강검진을 받으러 가서 의사에게 타로 이야기를 했더니 약을 지어 드릴까 묻는 말에 거절했다. 약사로 일했지만 약에 의지하는 건 별로 내키지 않았다. 내가 감내하고 싶었다. 곤경에서 하루빨리 벗어나야겠다고 생각했다. 인간은 마음먹기에 달렸으니까.

딸이 알려준 펫로스 모임이란 곳에도 가보기로 했다. 가서 위로의 말을 듣고 하다 보면 조금 잊히는 날도 있지 않을까. 모임 사람들에게 보여줄 타로 사진을 고르며 나도 모르게 중얼거렸다.

"우리 타로 참 특출나게 잘생겼다. 눈이 단추만큼 크네. ……이렇게 잘생기면 뭐 해, 이 세상에 없는데."

타로의 사진을 보고 있는 게 괴로웠다.

죽음이라는 게 멀리 있지 않구나

몇 달이 지났다. 매일 다니던 집 앞 산책 코스에 아들이 타로 유골을 뿌려줬다. 화장터에서 예쁜 주머니에 담아준 걸 반년 넘게 지니고 있다가 내린 결정이었다. 타로를 굉장히 예뻐했던 딸은 불교식으로 기도하는 곳에 타로 이름으로 위패를 해놓았다. 모셔진 다른 위패들의 이름은 모두 할머니, 할아버지, 큰아빠 같은 사람 이름이고, 강아지는 타로 하나뿐이라고 했다.

펫로스 모임 사람들의 이야기를 들을수록 내 마음하고 일치되는 면이 정말 많았다. 특히 슬픔의 강도가 그랬다. 얼마나 슬프고, 얼마나 괴로웠는지…….

'젊은 사람들도 많이 괴롭구나.'

나도 저렇게 젊은 시절이 있었던가 싶어 부러웠다. 오십 대였을 때만 해도 친구들과 놀러 다니고 어딜 가서도 테니스를 치곤 하며 재미있었다. 나이가 이렇게 되니 옛날하고 다르다. 밥도 하기 싫고 일도 하기 싫고 아무것도 하기가 싫다. 이젠 음식을 먹어도 예전처럼 정확한 맛을 모른다. 이런 것들이 얼마나 큰 슬픔인지. 이런 변화의 슬픔을 어떻게 설명할까.

항상 죽음을 생각한다. 친구들 관심사는 병이나 건강이다. 약간 치매기가 있는 친구도 있다. 더 이상 모임에 나오지 않거나 남편을 먼저 보낸 친구도 많다. 가까이 사는 친구들만 해도 그렇다. 열 명의 친구 중에 다섯 명은 남편을 먼저 떠나보냈다. 나머지 절반만 남편이 곁에 있는 것이다. 세상을 보는 게 젊었을 때하고는 완전히 다르다. 아니, 젊었을 때는 몰랐다.

죽음이라는 게 멀리 있지 않구나.

다시 길러야 할까, 그대로 참고 살아야 할까

'우리 타로와 비슷하게 생긴 강아지 하나 더 기를까 말까……. 한번 구해볼까?'

타로가 열여덟 살까지 살았다는 걸 위안으로 삼았지만 솔직히 '타로 투(two)'를 기르고 싶은 심정이었다. 이런 생각을 남편에게 넌지시 말했더니 반대했다. 그림도 그리고 운동도 하는 자신의 일상생활에 아무래도 방해가 될 것이다. 내가 모임이라도 나가게 되면 애 좀 봐주라고 부탁하게 될 텐데, 그게 되겠는가. 남편에게는 다시 6개월 정도를 기다렸다가 생각해보겠노라고 말했다.

딸은 다시 한번 타로 투(two)를 구해보자고 했다. **펫로스 상담사는 새로 강아지를 맞이하기 전에 가족 간 동의와 합의가 중요하다고 했다.** 단골 동물병원 의사는 내게 백 살까지 살 자신이 있느냐고 물었다. 강아지를 그렇게 기르고 싶으면 기르되 만약 내 몸이 아프기라도 하면 자식이나 믿을 만한 사람에게 그 강아지를 대신 맡아 잘 기르겠다는 각서를 받고 입양하란 거였다. 내 나이 일흔일곱. 아무리 생각해도 나이가 너무 많았다. 염치없게도 다시 강아지를 기르면 더 건강해질 거란 생각도 들었다.

처음보다 괴로움이 덜했지만 생각을 정리하려고 노력해야 했다. 즐거웠던 기억을 떠올리고 감정을 추슬렀다. 슬픈 생각을 할수록 눈물이 나고 헤어 나오기 힘든 것 같아서였다. 상담에선 펫로스 증후군에 대해 듣고 앞으로 어떻게 해나갈지 참고했다. 타로와 같이 있었던 세월을 좋은 기억으로 남기고 싶었다. 집에서 특별히 할 일이 없으니 친구들을 만나 시간 생각하지 않고 마음 놓고 이야기하고 오곤 했다. 조금 안정감이 찾아지는 듯했다. 그래도 맛있는 음식을 먹을 때면 타로 생각이 났다.

'타로가 살아 있으면 참 좋았겠다.'

타로는 오라고 불러도 오지 않고 먼발치에서 꼬리만 흔드는 강아지였다. 애처럼 애교 없는 강아지가 있을까. 최대로 애교를 부린다

는 게 부엌 설거지를 하고 있으면 와서 내 발등에 자기 머리를 대는 정도였다. 그런 강아지를 내가 미쳤다고 그렇게 좋아했는지 모를 일이다. 그래도…… 우리 타로 같은 애는 또 없을 것이다.

딸이 강아지의 영혼은 굉장히 순수하고 깨끗하기 때문에 빨리 환생한다는 이야기를 들었다고 했다. 그렇다면 언젠가는 만나겠지. 어디엔가 타로 투(two)가 있을 것이다. 환생을 믿어보려고 하면서도 글쎄, 그게 사실 현대 과학에서 심증이나 가겠는가.

펫로스 모임에서 만난 젊은 사람들은 남겨진 생을 생각하지 않고도 얼마든지 타로 투(two)를 기를 수 있다는 것이 너무나 부러웠다. 다시 강아지를 입양해서 키울 것인지, 아니면 그대로 참고 살지 갈수록 그 문제가 절박했다. 쓸쓸했지만 그런대로 지낼 수밖에 없었다.

눈이 특별한 강아지가 우리 집에 왔다

주말 아침, 결혼해서는 이따금 집에 오는 아들에게 전화가 걸려왔다.

"엄마. 지금 집에 몰티즈 데려갈게. 2개월 조금 넘은 애야. 근데 눈동자가 오드아이야, 돼?"

"오드아이? 그게 뭐니?"

"양쪽 눈 색깔이 다른 거야."

"다르면 어때. 난 그게 특이하고 더 좋다."

12월 16일이었다. 우리 타로가 죽은 건 4월 16일. 타로가 죽고서 딱 8개월 되는 날이었다. 우연찮은 날짜가 얼떨떨했다. 옆에서 딸이 타로의 환생일 거라 했다. 타로가 왔던 날을 생각하며 기다렸다.

'타로하고 생김새가 비슷한 건 없으려나? 타로는 궁둥이에 손톱만 한 회색 점이 있었는데……'

강아지가 집에 도착하자마자 재빨리 생김새를 훑어봤다. 들은 대로 눈동자 색이 각기 다른 아주 어린 강아지였다. 동그란 한쪽 눈 안 동공을 둘러싸고 있는 부분이 깜짝 놀랄 정도로 파랬다. 여실히 보이는 파란색이 블루 사파이어 같았다. 특별한 외모를 가졌다는 게 더 좋았다. 엉덩이 점 대신 특별한 눈을 가진 강아지가 우리 집에 왔다.

거실에 허리 높이까지 오는 큰 펜스를 둘러쳤다. 강아지가 3~4개월 넘을 때까지는 그 안에서 살아야 한다고 했다. 태어난 지 2개월밖에 안된 강아지가 얼마나 까부는지 보통 발바리가 아니다. 벌써부터 이리저리 마구 뛰고 펜스를 넘으려 한다. 장난감을 줘도 놀 줄 모르던 순한 타로와 다르게 장난감에 머리를 찧고 앞발로 굴리고 활발하다. 하루에 세 번 밥 주고 쳐다보고 그렇게 지내고 있다. 재미있다. 그렇게 발버둥 치던 강아지가 신기하게도 대야에 넣고 목욕을 시키면 까불지 않고 얌전히 있는다. 물을 끼얹어도 그대로다. 무난한 성격으로 클 것 같다. 타로 생각이 나 "이름을 타로로 지으면 좋겠다" 했더니 아들이 "타로는 타로로서 각인되는 게 낫지" 하길래 마음을 바꿔 '모모'라 지었다. 어린 강아지는 아직 자기 이름을 모르는 것 같다. 모모야! 부르면 돌아보지 않는다. 식구들도 강아지 이름에 적응을 못하기는 매한가지다. 나도 자꾸만 타로야, 하고 부르고 남편도 타로야, 하고 먼저 말이 나온다. 우리는 모모라 부르지 않으면 서로 혼내주기로 했다.

"어? 당신 또 타로라 부른다."

"아하하, 내가 그랬나?"

타로가 우리 가슴속에 얼마나 각인이 되어 있으면……. 타로가 우리 집에 오기 전 과정을 모모한테서 본다. 데려올 때 이미 두세 살이었던 타로. 타로와의 이별에 진짜 슬플 사람은 내가 아닐지도 모른다. 어디에선가 타로를 잃어버렸을 그 사람, 이전까지는 그 사람을 생각해본 적도 없었다. 난 타로 엄마가 아니다. 진짜 엄마는 그 사람인 것이다. 난 둘째 엄마라 해야겠지. 타로를 잃은 그 마음이 참말로 슬프지 않았겠는가. 가슴이 아파왔다.

타로를 영원히 기억하는 시

이 나이에 강아지를 입양한 게 과연 잘한 짓일까. 칭찬받을 일은 못 되겠구나. 이렇게 새 강아지를 데리고 또 발버둥 쳐야 하나 생각도 했다.

어제 모임에서는 친구가 "야, 그 강아지 누구를 줘버리든지 팔아 버리든지 해라" 하기에 왜냐고 물었더니 "야, 50년 동안 산 남편 얼굴 한 번 더 보고 살 일이지. 사람도 아니고 무슨 강아지를……. 왜 하필 강아지냐?" 하고 묻는다. 그렇다. 이런 친구도 있다. "글쎄, 그건 나도 잘 모르겠다. 왜 이렇게 됐는지 나도 모르겠다" 하고는 속으로 '싫은 사람들도 있나 봐. 한 번도 강아지를 길러보지 않은 친구들이지' 생각했다. 하기야 동물에 대한 이런 편견이 하늘과 땅 차이다. 내가 왜 이렇게 해야 하는지 모르겠지.

펫로스 증후군이란 사람마다 성격마다 참 다르게 겪나 보다. 펫로스 서클 모임의 젊은 사람들은 새로운 아이를 입양할 의사가 없어 보인다. 모임을 같이 시작했던 사람 중 나만 새로 강아지를 입양했다. 동네 한 친구는 남편을 폐암으로 먼저 보내고 3개월 만에 강아지가 죽었는데, 남편의 죽음이 워낙 크게 작용했는지 그리 사무치게 슬퍼하지 않는다. 또 다른 친구는 강아지가 백혈병으로 죽었다. 타로가 가기 6개월 전이었다. 그 이후로 대상포진에 걸리고 소화도 안 된다기에 정신적으로 많이 힘든 모양인가 했다. 이제 겨우 치료가 되었는데 또다시 아파 지금 병원에 있다. 뇌 MRI도 찍는다고 한다. 새 강아지 입양하는 건 어떻게 생각하냐고 물어봤더니 남편이 강아지를 다시 기르자고 한단다. 우리 집하고 반대다. 하지만 안 된다고 그랬었던 우리 남편도 막상 모모와 지내보니 싫지 않은 눈치다.

가끔은 이상하다. 하루아침 새에 모모라는 강아지가 딱 있다니. 모모가 건강하게 자라주기만을 바랄 뿐이다. 그 이상 바랄 건 없다. 온 지 얼마 안 된 어린 강아지에게 무슨 일이 일어날지 몰라 굉장히 조심스럽다. 식구들끼리 모모를 만지거나 안기 전엔 손 소독젤을 쓰기로 규칙을 정해놨다. 딸이 사 온 '초보자 강아지 기르기' 책자도 읽었다. 한 번은 전체를 빨리 읽고서 책을 아무 데나 펼쳐 나오는 곳을 매일 한두 장씩 읽는다. 이건 이렇구나, 저건 저렇구나, 이 생각은 내가 전혀 잘못한 것이었구나, 참고하고 있다.

수영은 여전히 잘 되지 않는다. 옛날처럼 활발하지 않고 몸이 그만 느슨해져 힘이 들었다. 수영장에 가기 싫어져 미리 1년 치 수영장 사용료를 선납해버렸다. 그래야 열심히 다닐 거란 계산에서다. 옛말에 작심삼일이라고 했다. 강제성이 없으면 아마 마냥 누우려 할 거다. 빨리 타개해 나가야겠다. 다시 한번 마음을 다잡는다. 상념을 떨치고 타로에 대한 좋은 기억만 남도록 해야지. 지금은 열심히 살고 열심히 먹으려 한다. 몸이 건강해져야 하고 싶은 걸 할 수 있다. 어떻게 해서라도 부지런히 모모를 키워야지. 강아지를 기르다 보면 하루 종일 앉아 있을 새가 없다. 앞으로 그렇게 시간을 바쁘게 쓰려 한다.

타로에 대한 시를 적어보았다. 옛날 옛적 밤에 썼던 편지가 다음 날 되면 이상하듯, 적은 시를 며칠이 지나 읽어 보니 퍽 유치하다. 조금 평범하면서도 뜻깊은 의미를 부여한 글, 타로를 영원히 기억하는 시를 지어보자 마음먹는다.

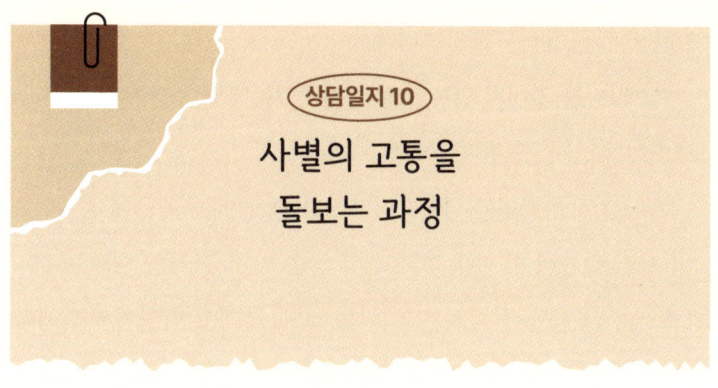

상담일지 10
사별의 고통을
돌보는 과정

이정혜 님은 육십 대 어버이날, 계획에 없던 강아지를 맞아들였습니다. '타로'라 이름 붙여진 하얀 몰티즈는 15년간 이정혜 님 곁을 지켰습니다. 이정혜 님이 상담실을 찾아온 것은 타로가 죽고 5개월가량 되었을 때였습니다. 당시 연세가 일흔일곱으로 펫로스 모임에서 나이가 가장 많은 분이셨는데도 불구하고 다른 사람의 이야기에 적극적으로 호응했고 거리낌 없이 고민을 털어놓았습니다.

"타로가 뜬 다음부터 생활이 안 돼요. 아무것도 하기 싫은 거야. 다른 사람도 그래요?"

이정혜 님의 첫마디가 그날 대화의 물꼬가 되었습니다. 타로에 대한 질문에 자랑거리가 없다며 손사래를 쳤지만, 산책길에 지나가던 학생들이 타로를 얼짱이라 불렀던 일을 말하며 흐뭇한 표정을 지었습니다. 타로가 정말 잘생긴 얼굴이라고 사진을 골라 보여주다가도 곧 어두운 안색이 되었습니다.

"절대 눈물 흘리지 말자 그렇게 결심했는데도 눈물이 나요, 지금도. 잊어야 살지, 못 견디겠어요."

가다듬는 목소리가 떨렸습니다. 고요한 중에 군데군데 훌쩍이는 소리가 들렸습니다. 절대 잊고 싶지 않은 아이. 그러나 때로는 견디기가 너무나 힘들어 '잊히는 날이 왔으면……' 하고 바라기도 합니다. 펫로스 증후군에 대한 설명에 귀를 기울이던 이정혜 님은 반년이 지나 일상의 중심이 조금 더 잡힐 거라는 설명에 반색했습니다.

"감정이 차분해지는 시기가 올까요? 계속 이런 식이면 안 되겠어요."

뒤따른 질문에서 현재 상황을 변화시키고자 하는 의지가 느껴졌습니다. 이정혜 님은 근심을 떨쳐버리려 노력해나갈 거라고 했습니다. 의식적으로 하루하루 몸을 움직였습니다. 그 옆에는 가족이 있었고 구체적인 도움을 주었습니다.

딸은 같이 타로를 추억하고 종교 모임에 위패를 안치했습니다. 타로를 처음 데려왔던 아들은 유골을 뿌려주었습니다. 이정혜 님은 한층 나아졌다 말하다가도 이러다 진짜 병이 날 것 같아 성가시다고 푸념했습니다. 죽음이라는 게 멀리 있지 않구나, 하고 유명을 달리한 주변인들과 흐르는 세월에 한탄도 했습니다. 애써 북돋운 기운이 신체 증상에 껴묻어 거듭 가라앉았습니다.

사별의 고통을 돌보는 과정은 지난합니다. 단번에 달라지지 않습니다. 그 과정은 생각보다 많은 품이 들고 오랜 시간이 걸립니다.

이별 후 새로운 반려동물을 맞이하는 일

'강아지를 데려올까 말까.'

재입양에 대한 고민은 깊어져 갔습니다. 이정혜 님은 '타로 투(two)'를 만나기를 소원했습니다. 강아지의 평생을 책임지기에 적지 않게 여겨지는 나이와 가족 각각의 다른 입장이 중요한 고려 사항이었습니다.

우리의 주제는 새로운 반려동물 가족을 맞이하는 일로 옮겨갔습니다.

"재입양해도 괜찮을까요? 언제쯤 하면 좋을까요?"

상담 중반 자주 나오는 물음입니다. 반려동물이 죽은 뒤 한 번쯤은 새로운 아이를 데려오면 어떨지 생각해보게 됩니다. 그러면서 동물과의 교감, 웃음, 기쁨, 돌봄, 편안함, 보드라움, 함께하는 행복감을 떠올리고 입양 방법을 알아보기도 하고, 아픈 이별을 또다시 겪고 싶지 않아 고개를 내젓기도 합니다. 특히 한 아이와만 살았던 경우에는 다른 반려동물을 상상하기란 낯선 일입니다.

일반적으로 반려동물 사별 직후 중대한 결정은 늦추도록 권장하는데, 재입양도 이에 해당하는 문제입니다. **상담 시 사별 후 재입양하기까지 반년, 적어도 4개월 이상의 시간을 갖기를 권유합니다.** 맞닥뜨린 충격과 슬픔을 소화하기에 최소한의 물리적인 기간이 필요하기 때문입니다. 큰 상실감으로부터 몸과 마음을 회복하면서 찬찬히 신중하게 결정하는 것이 좋습니다. 이는 새로운 만남을 위해 필요한 과정으로 반려동물의 좋은 동반자가 되기 위한 준비이기도 합니다.

한 개인에게 있어 재입양을 하기까지 적절한 시기란 일상생활을 잘 꾸려나가고 새 가족을 맞이할 준비가 된 때를 말합니다. 더불어 앞으로 어떻게 살아가고 싶은지 생각해봐야 합니다.

반려인의 삶은 반려동물과 나누는 사랑으로 가득 찹니다. 삶의 한가운데에 반려동물이 자리한 만큼 생활 측면에선 에너지가 많이 쓰입니다. 어떤 미래를 그리시나요? 막연하다면 구체적 사안을 하나씩 확인하는 것으로 첫걸음을 내디딜 수 있습니다. 비용, 거주 형태, 돌봄에 필요한 시간, 동거인 간 역할 재조정 등 현실적 문제부터 확인해봅니다. 익숙한 듯하지만 새 가족을 맞이하기에 앞서 기본 사항을 점검하는 것입니다. 재입양의 본바탕은 '입양'과 다르지 않습니다.

한마음으로 아이를 아꼈던 가족 구성원 내에서도 재입양에 대한 체감은 저마다 다를 수 있습니다. 누군가는 대번에 재입양을 확신하며 언제나 동물과 함께하는 인생을 꿈꿀 수도 있고, 누군가는 떠난 아이를 배신하는 것만 같이 느껴질 수도 있고, 누군가는 다시 찾아올 이별이 두렵거나 책임의 무게에 망설일 수도 있고, 누군가는 전과 달리 훌쩍 여행을 떠나는 일상을 갖고 싶을 수도 있습니다. 어떻든 간에, 재입양은 가족 간에 협의를 거쳐 결정하는 것이 중요합니다. 가족들끼리 반려동물과 함께한 지난 세월을 돌아보고 아이가 우리 가족에게 어떤 영향을 미쳤는지 이야기를 나눕니다. 그리고 앞으로 새로운 반려동물을 맞이한다면 어떠할지 예상되는 어려움과 그에 대응할 방안은 무엇일지 상의해봅니다.

'죽은 아이 생각이 덜 나지 않을까?', '예전처럼 웃고 즐거운 기분을 느낄 수 있지 않을까?' 이처럼 막막한 상실감의 해소를 기대하거나, 닮은 외모 및 성격 등 죽은 아이의 그림자를 좇아 입양을 선택하지 않도록 유념해야 합니다. **새로 만날 반려동물은 죽은 반려동물 대신이 아닙니다. 맞이하는 반려동물을 가족의 새 일원으로서 받아들여야 합니다. 무지개다리를 건넌 아이의 자리는 변함없이 그의 자리입니다. 우리 삶에 아이가 낸 자국도 그대로 남아 있을 것입니다.**

동물과 삶을 같이 하는 이들을 통해 헤어짐이 그렇듯 만나는 일도 예정대로만 되지 않는다는 걸 알게 되었습니다. 상담실에서 만난 사람들은 "하나 꼭 더 데려올 거예요" 하고 열성껏 계획했던 입양 절차가 무산되기도 했고 "다시는 못 키워요" 했다가도 우연한 연분으로 반려동물 가족을 맞이하기도 했습니다.

새 반려동물 가족이 생기면 한동안은 혹여나 무슨 일이라도 생기지 않을지 노심초사하게 됩니다. 아이의 건강과 안위가 신경 쓰여 날카로워지기도 합니다. 그러나 대부분 앞선 경험을 바탕으로 보호자 역할을 거뜬히 해냈습니다. 반려동물과 새로이 연이 닿아 들뜬 모습을 볼 때면 '그들 앞에 더할 나위 없이 좋은 나날이 이어지길……' 하고 마음속으로 가만히 바랍니다.

다시 찾아온 사랑의 시간

"오늘 여기 온 이유가 있어요. 다시 강아지를 입양해 키워야 하느냐 아니면 그대로 참고 살아야 하느냐 그 문제가 제일 절박해요."

이정혜 님이 상담실에 와 근심 가득한 안색으로 입을 뗀 한마디였습니다. 타로가 떠난 뒤로 세 번의 계절이 바뀌고 숙고 끝에 새 반려동물이 찾아왔습니다. 이정혜 님은 새로 맞이한 강아지를 돌보는 일에 열중했습니다. 예방주사 접종 계획을 세우고 초보 반려인을 위한 책자를 읽어나가고 있다고 전하는 얼굴에 생기가 돌았습니다.

"특별한 강아지가 우리 집에 왔어요. 여기 한쪽 눈만 파란 것 봐

봐요. 아유, 얼마나 까부는지 몰라요. 모모, 이름 어때요? 식구들이 아직 적응을 못 하고 타로라고 불러. 하하, 미치겠어요."

이정혜 님은 휴대폰 사진첩을 넘기며 모모를 보여주었습니다. '모모는 철부지~ 모모는 무지개~'로 시작하는 노래 한 소절을 부르는 입가에 엷은 웃음이 번졌습니다.

세상은 슬프면서 기쁘고, 기쁘면서 슬픈 일로 가득합니다. 다시 사랑의 시간이 찾아왔습니다. 앞날에 새로운 기쁨이 있을 것입니다. 이정혜 님은 편안해졌지만 뭔가 더 해보고 싶다고 했습니다. 이 나이에 할 것이 없는 것 같다며 주저하다가 본격적인 취미 활동을 하기로 결심했습니다. 백화점 문화센터에 가서 배울 만한 것을 둘러보기로 했습니다. 책을 읽고 알아가는 재미를 느끼는 이정혜 님에게 안성맞춤인 시도였습니다.

상담 마지막 날 타로를 기리는 시를 써보려 한다고 했습니다. 더 없이 사랑이 가득 담긴 시가 되리라 생각했습니다.

에필로그

부디, 자신에게
애도와 치유의 기회를 주세요

    굴곡진 여정의 마지막 페이지까지 동행해주셔서 감사합니다. 본문에 담긴 이야기들은 모두 상실과 고통에 관한 접근입니다. 글을 엮고 쓰며 제 가슴속도 곧잘 요동쳤습니다. 지난 상담 기록을 들추어 보다가 절절함에 다시 울기도 했습니다. 그래도 동물에 대한 사랑과 그리움을 느끼는 이들에게 이 책이 가 닿기를 바라는 마음이 가장 컸습니다. 반려동물 사별의 모습을 선명히 그려내고자 하였고, 반려인들 이야기가 왜곡되진 않을까 고심했습니다.

    이 책을 통해 반려동물 사별과 애도가 널리 알려지고 이에 관한 대화가 풍부해지기를 기대합니다. 반려동물 사별에 슬픔이 자연스럽고 필요하다는 것을 이해하고, 슬픔 속에서 자신을 돌보는 일을 기억하고 그 방법을 찾았으면 합니다. 부디, 자신에게 애도와 치유의 기회를 주시기를 바랍니다.

　주위에서는 이런 힘든 과정을 알고 슬픔을 겪는 사람들을 대하는 계기가 되었으면 합니다. 사회적 지지는 사별의 고통을 완화하고 일상을 유지하는 데 중요한 요소입니다. 사별 후 시간이 흘러도 애도는 계속됩니다. 이 모든 이야기가 애도를 회피하거나 슬픔을 미화하지 않고 있는 그대로 받아들이는 문화를 만드는 데 기여하기를 희망합니다.

　'사람들이 못다 한 이야기를 할 수 있다면.'
　'내면의 감정을 진실하게 표현할 수 있다면.'
　'반려동물과의 기억들을 회상하며 반려동물이 남긴 유산을 간직하고 의미를 찾아갈 수 있다면.'

　되짚어보니 제 출발은 이런 바람이었습니다. 제 역할은 슬픔을 통과하는 길에 선 이들 곁에 진실되게 머무르는 것입니다. 보통 '전문가'나 '심리치료자' 하면 떠올리는 이미지와 조금 다를 수 있겠습니다. 반려동물 사별에 관한 치유 작업은 애도 과정과 맥을 같이 합니다. 반려동물과 이별한 반려인들을 만나고 오래지 않아 알게 되었습니다. 되풀이되는 이야기, 혼돈, 답 없는 질문, 침묵, 딜레마, 생과 사, 존재론, 영혼, 이제껏 규명되지 않은 현상⋯⋯. 자칫 그것들을 제가 잘 알고 있다고 여기거나 분석하려 하면 실패한다는 것을 말입니다.

익숙한 상담 기술이나 심리 이론에만 기대지 않아야 했습니다. 무력감이나 불확실성, 때로 신비로움까지 받아들여야 했습니다. 지금도 미지의 영역과 인내를 배우고 있습니다. 지난 20여 년간 치유의 장에서 경험하고 익힌 것들이 저를 이끌어주었습니다. 무수한 삶의 이야기와 만남에 참으로 감사한 일이었습니다. 존중하며 동참하는 것, 판단 없이 미지의 상태에서 머무는 것, 증인이 되는 것, 안전함을 만드는 것. 그리하여 사별한 반려인이 거듭 이야기할 대상 및 공간을 갖는 것, 의미를 재구축하고 경험을 재형성하는 것, 자신의 속도와 방식으로 애도 과정을 통과하는 것. 이것이 제가 주의를 기울이고 중점을 두는 일입니다.

저의 큰 관심사는 치료 요인이 작동하는 애도 환경을 만드는 것입니다. 그동안 안전하고도 지속적인 애도와 지지 그룹(support group)에 관한 연구를 더욱 발전시키게 되었습니다. 사별 집단의 보편성과 사별자들로부터의 지지가 기둥이 되어주고, 치유자와 함께하는 표현 활동으로 각자에게 맞는 애도 방식을 찾는 모델입니다.

앞으로 '이야기 애도교육'에도 힘쓰려 합니다. 이야기 애도교육이란 이야기를 바탕으로 경험, 정서, 언어, 행위, 인지가 교차하는 지점에서 이루어지는 치유적 교육을 말합니다. "애도하기는 학습할 수 있는 인생의 기술"이라는 말처럼 누구나 겪는 상실과 슬픔을 위하는 목적의 교육입니다. 지식 습득보다 체험과 발견, 실천에 중심을 둡니다. 상실과 연관된 감정을 공유하며 의미를 만들어가는 과정이 될 것입니다.

지금도 여전히 반려동물과 사별한 사람들의 이야기를 들을 때 눈물을 흘리고, 그들이 나누고 간직한 사랑에 감탄합니다. 그 작은 우주는 그들의 모든 시간이 지날 때까지 결코 사라지거나 잊히지 않을 것입니다.

반려동물을 애도하는 여정에 함께하며 저의 경계가 넓어졌습니다. 세상을 더 큰 사랑으로 바라보게 되었고, 해가 지날수록 죽음과 삶 앞에서 겸허히 자세를 가다듬게 되었습니다. 제가 받은 모든 것에 감사함을 품고 싶습니다.

지면을 빌려 반려동물과의 유대감과 사랑을 들려주고 공개를 허락한 반려인분들께, 생소한 펫로스에 관한 책을 내는 기회를 마련해 준 출판사와 더딘 작업을 기다리고 독려한 편집자 님께 감사 인사를 드립니다. 여기까지 올 수 있게 힘을 북돋우고 도움을 준 가족, 벗들에게도 감사와 사랑의 마음을 전합니다. 그리고 고양이 고래와 하레에게 깊은 애정을 보냅니다.

부록

파비스 펫로스 유형

파비스 펫로스 유형(FFABIS Pet loss & grief Type)은 반려동물 사별에 대한 애도상담 및 치유 사례, 그리고 한국의 펫로스 증후군 연구를 바탕으로 개발된 자가 진단 도구입니다. 파비스 펫로스 유형은 펫로스를 여섯 가지 범주로 분류하여 설명하며 괜찮아(Fine), 널 위해(For you), 나홀로(Alone), 폭발(Burst), 만약에(If), 침몰(Sink) 6개 유형의 앞글자를 따서 'FFABIS(파비스)'라고 이름 붙여졌습니다. 사별한 반려인들이 현재 상태를 자가 진단할 수 있는 방식으로 설계되었고, 반려인들의 치유와 교육을 지원하는 현장에서 활용되고 있으며, 특히 사별 후 3년 이내에 경험하는 강렬한 상실감을 효과적으로 관리할 수 있도록 만들어졌습니다. 직관적으로 이해할 수 있도록 구성되어 있어 사용자가 자신의 상태를 쉽게 파악하고 치유 및 애도 과정에 도움을 받을 수 있습니다.

아래 문항을 읽고 해당하는 문항을 선택해주세요. 세부 항목에서 4개 이상 해당할 경우, 그 유형에 속한다고 볼 수 있으며 여러 유형이 중복적으로 나타날 수 있습니다.

파비스 펫로스 유형 테스트

각 세부 항목에 4개 이상 체크할 경우, 해당 유형입니다.

유형에 따른 심리치료 추천 방법

사랑하는 반려동물이 떠나면 정식적인 애도 절차와 치유 과정이 필요합니다.

Fine: 괜찮아 유형

○ 감정을 느끼기보다 이성적으로 행동하려 노력한다.
○ 울거나 슬퍼하는 것이 별로 도움되지 않는 것 같다.
○ 반려동물을 잃은 상실감을 어떻게 표현해야 할지 잘 모르겠다.
○ 내가 맡은 업무 또는 가족이 있으니 정신 차려야 한다.
○ '이겨내야지', '이제 그만해야지', '열심히 살아야지' 다짐한다.
○ 주변 사람들에게 "괜찮아"라고 얘기한다.

● 감정에 휩쓸리지 않고 합리적으로 대응하려고 노력하는 유형
● 상실의 영향을 받아들일 것
● 혼란스러운 상황을 정리하는 시간을 권장합니다.

추천 방법 전문가를 통한 일대일 상담

For you: 널 위해 유형

○ 무지개다리 너머의 반려동물을 위해서 뭐든지 하고 싶다.
○ 떠난 반려동물을 위해 무엇을 더 할 수 있는지 찾을 것이다.
○ 유기동물을 돌보고 봉사하는 것에 더 관심이 생겼다.
○ 떠난 반려동물에게 부끄럽지 않게 살기 위해 노력한다.
○ 49재, 기일, 추모 물품 제작 등 반려동물을 위한 의식을 치른다.
○ 집 안에 반려동물을 위한 추모 공간(메모리얼 테이블) 등을 만들어두었다. (혹은 예정이다)

● 반려동물에게 몰두하며 의미 있는 행동을 하려는 유형
● 일상과의 균형을 고려할 것
● 반려동물을 애도하고 기념하는 활동을 권장합니다.

추천 방법 반려동물을 위한 추모 공간 만들기 및 추모 의식 참여

Alone: 나홀로 유형

○ 주변 사람들에게 떠난 반려동물에 대해 편히 말하기 어렵다.
○ 가족들과 유골, 유품 처리에 대한 의견이 다르다.
○ 반려동물과 이별하고 세상에 나 혼자 남겨진 느낌이 든다.
○ 펫로스에 대한 정보가 없다.
○ 반려동물 이야기를 했다가 다른 사람에게 상처받은 경험이 있다.
○ 반려동물을 떠나보낸 이 심정은 나밖에 모르는 것 같다.

● 사별에 대한 주위 자원이 적고 혼자 고군분투하는 유형
● 혼자 고립되지 않도록 주의할 것
● 상실감을 표현하는 방법을 찾는 것이 필요합니다.

추천 방법 펫로스 서클(전문 사별집단) 참여

Burst: 폭발 유형

○ 눈물이 자주 나고 잘 멈춰지지 않는다.
○ 감정이 막 터져나와 일상생활이 곤란할 때가 있다.
○ 동물 관련 사건 사고를 접하면 미친 듯이 화가 난다.
○ 가슴이 막 뛰고 꽉 막혀 터질 것 같고, 숨이 잘 쉬어지지 않는다.
○ 감정이 극단으로 치닫고 감정 조절이 어렵다.
○ 슬픔, 절망, 그리움을 수시로 느낀다.

● 강렬한 감정과 큰 행동 변화를 경험하는 유형
● 자신을 돌볼 것
● 트라우마에 대한 이해와 안전한 공간에서의 감정 해소가 필요합니다.

추천 방법 전문가를 통한 심리치료

If: 만약에 유형

○ 과거를 반복적으로 떠올린다.
○ 가능하다면 이별하던 순간을 바꾸고 싶다.
○ 어디서부터 무엇이 잘못됐을까 되짚어 본다.
○ '...를 했더라면' 혹은 '...를 하지 않았더라면' 하고 후회한다.
○ 그때로 돌아갈 수 있으면 뭐든 할 수 있을 것 같다.
○ '다시 한번 기회가 주어진다면 정말 잘할 텐데' 하고 생각한다.

● 현실이 달라질 가능성과 희망을 타진하는 유형
● 전문가의 도움을 받아 '만약'이라는 질문을 사실적으로 경험해볼 수 있는 프로그램을 권장합니다.

추천 방법 전문가를 통한 심리치료, 사이코드라마 프로그램

Sink: 침몰 유형

○ 평소처럼 지내다가 떠난 반려동물 생각에 울컥하거나 절망적인 기분에 사로잡힌다.
○ 다른 사람이나 세상 일에 관심이 가지 않는다.
○ 일상이 재미없고 허무하다.
○ 일하거나, 친구를 만나다가도 이게 다 무슨 소용인가 싶다.
○ 주위에서는 내가 괜찮은 줄 알지만 사실은 그렇지 않다.
○ 문득 반려동물이 이제 진짜 곁에 없다는 것을 실감한다.

● 이별을 받아들이고자 하면서도 상실감이 깊은 유형
● 상실 진행 단계를 이해할 것
● 서로를 지지하고 격려하는 사람들과의 교류를 권장합니다.

추천 방법 펫로스 서클(전문 사별집단) 참여

자료 출처: 펫로스 전문상담소 살다

우리는 무한한 우주를 건너 서로를 만났고
이 삶을 함께하고 있어

초판 1쇄 발행 2024년 5월 30일

지은이 최하늘

발행인 정동훈
편집인 여영아
편집국장 최유성
기획·책임편집 양정희
편집 김지용 김혜정 조은별
디자인 형태와내용사이
일러스트 함주해
마케팅 박태준

ⓒ최하늘, 2024

발행처 (주)학산문화사
출판등록 1995년 7월 1일 제3-632호
주소 서울특별시 동작구 상도로 282
전화 (편집) 02-828-8834, (마케팅) 02-828-8832
인스타그램 @allez_pub

ISBN 979-11-411-3752-6 (03810)

알레는 (주)학산문화사의 단행본 임프린트 브랜드입니다.

- 이 책의 전부 또는 일부 내용을 재사용하려면
  반드시 사전에 저작권자와 알레의 동의를 받아야 합니다.
- 잘못 만들어진 책은 구입하신 곳에서 바꾸어드립니다.
- 값은 뒤표지에 있습니다.